Copyright © 2022 LINGUAS CLASSICS

BESTACTIVITYBOOKS.COM

ERSTE AUSGABE - Veröffentlicht 2022

Extra Grafikmaterial von: www.freepik.com
Dank an: Alekksall, Starline, Pch.vector, Rawpixel.com, Vectorpocket, Dgim-studio, Upklyak, Macrovector, Stockgiu, Pikisuperstar & Freepik.com Designers

Kostenlose Online-Spiele Entdecken

Hier Erhältlich:

BestActivityBooks.com/FREEGAMES

5 TIPPS FÜR DEN ANFANG!

1) LÖSUNG DER RÄTSEL

Die Puzzles haben ein klassisches Format :

- Die Wörter sind ohne Abstand, Bindetrich usw… versteckt
- Richtung : vor-& rückwärts, auf & ab oder in der Diagonale (beider Richtungen)
- Die Wörter können übereinanderliegen oder sich kreuzen

2) AKTIVES LERNEN

Neben jedem Wort ist ein Abstand vorgesehen zum Aufschreiben der Übersetzung. Um ihre Kenntnisse zu überprüfen und zu erweitern befindet sich am Ende des Buches ein **WÖRTERBUCH**. Suchen sie die Übersetzungen, schreiben sie sie auf, dann können sie sie in den. Puzzles suchen und ihrem Wortschatz hinzufügen.

3) ANZEICHNUNG DER WÖRTER

Haben sie schon einmal versucht eine Anzeichnung zu verwenden? Sie könnten zum Beispiel die Wörter, die schwer zu finden sind, ankreuzen, die Wörter, die sie lieben, mit einem Stern, neue Wörter mit einem Dreieck, seltene Wörter mit einem Diamant usw … anzeichnen

4) IHR LERNEN ORGANISIEREN

Am Ende dieser Ausgabe bieten wir auch ein praktisches **NOTIZBUCH** an. Ob im Urlaub, auf Reisen oder zu Hause, sie können ihr neues Wissen ganz einfach organisieren, ohne ein zweites Notizbuch zu benötigen!

5) SIND SIE AM SCHLUSS ?

Gehen sie zum Bonusbereich : **MONSTER-HERAUSFÖRDERUNG,** um ein kostenloses Spiel zu finden, das am Ende dieser Ausgabe angeboten wird !

Lust auf mehr Spaß und **Lernaktivitäten? Schnell und einfach :** eine ganze Spielbuchsammlung mit einem einzigen Klick erhaltbar :

Mit diesem Link finden sie ihre nächste Herausforderung :

BestActivityBooks.com/MeineNachsteWortsuche

Achtung, fertig, ... Los !!

Wussten sie, dass es auf der Welt ungefähr 7.000 verschiedene Sprachen gibt ? Wörter sind kostbar.

Wie lieben Sprachen und haben schwer daran gearbeitet, die Bücher von höchster Qualität für sie zu entwerfen. Unsere Zutaten ?

Eine Auswahl von angepassten Lernthemen, drei große Scheiben Spaß, dann fügen wir einen Löffel schwieriger Wörter und eine Prise seltener Wörter hinzu. Wir servieren sie mit Sorgfalt und ein Maximum an Freude, damit sie die besten Wortspiele lösen und Spaß am Lernen haben.

Ihre Meinung ist wichtig. Sie können aktiv zum Erfolg dieses Buches beitragen, indem sie uns eine Bemerkung hinterlassen. Sagen sie uns, was ihnen an dieser Ausgabe am besten gefallen hat !!

Hier ist ein kurzer Link, der sie zu ihrer Bewertungsseite führt

BestBooksActivity.com/Rezension50

Vielen Dank für ihre Hilfe und viel Spaß

Linguas Classics

1 - Ozean

```
X D Z S P O N G O L T H S G
B O A T O S T R O S E A H I
H F C A L G O L W A S Y G D
R I F O P N S Y C L T Y B O
G Ŝ L H O U V A L I U D K P
Z O Ŝ V L A W F L K D N Z J
U K T T I N U S O O O T G U
G R O T V G D T K K Q J K P
Ŝ A R K O I E E Q O F T O T
I B M Q Q L L O N D O J R O
J O O D R O F T C R R N A Q
I K J U H M E D U Z O J L Z
T X Q F G N N T L H M U O H
B A L E N O O P J H U N H C
```

ANGILO	MEDUZOJ
OSTRO	RIFO
BOATO	SALO
DELFENO	TESTUDO
FIŜO	SPONGO
SALIKOKO	ALGO
ŜARKO	ŜTORMO
KORALO	TINUSO
KRABO	BALENO
POLPO	ONDOJ

2 - Schule #1

```
C O S K R I B O T A B L O K
A X P X J N T X Q S Q O U L
L M L H S S S G P E V D U A
F T U M A T E M A T I K O S
A A M Z Z R Ĝ L P M I R R Ĉ
B G O P A U O I E J K A E A
E M J K M I E B R B Q J S M
T A R R I S J R O Y Y O P B
O N U V K T G O H I X N O R
W Ĝ D C O O P J L D A O N O
V O D L J O O U T U T S D N
E K Z A M E N O J H M Y O T
D O S I E R U J O J Q E J J
B I B L I O T E K O B J Y N
```

ALFABETO
RESPONDOJ
BIBLIOTEKO
KRAJONO
LIBROJ
AMIKOJ
KLASĈAMBRO
INSTRUISTO
MATEMATIKO

TAGMANĜO
DOSIERUJOJ
PAPERO
EKZAMENOJ
SKRIBOTABLO
AMUZA
PLUMOJ
SEĜO

3 - Meditation

```
Q O E Z M U S M K J L Y W I
M G K Y E D I U A D X T M Y
K O J V N L N Z E M M S L W
O G V V S I T I N S T R U O
M P Z A O B E K L A R E C O
P S A J D X N O D A N K O N
A R A C C O O N A T U R O T
T G T K O T R A N K V I L E
O H E J C J P E N S O J W T
M E N T A E E F E L I Ĉ O W
G Q T H P S P I R A D O S H
M I U P F Q L T Z Q Q O Q J
S I L E N T O C O I G R J U
H D E P E R S P E K T I V O
```

AKCEPTO	KLARECO
SPIRADO	INSTRUO
ATENTU	KOMPATO
MOVADO	MUZIKO
DANKON	NATURO
PACO	PERSPEKTIVO
PENSOJ	TRANKVILE
MENTA	SILENTO
FELIĈO	MENSO
SINTENO	

4 - Meisterschaft

```
M S G M S N I G Z L V A Y S
V E A K R P X Y A N W Y Y T
Ĉ F D F Y A I W G R F J O R
A K V A T X A R A L E L O A
M I M Ĉ L C D J A Q C X X T
P N X A U O T F U D E V S E
I S J M D L R I S Ĝ O Z P G
O T I P O V E N K O I Y O I
N I T I J A J A U I B S R O
O G E O I G N L I G O I T L
R O A N P A I I T H W L O O
H Y M A D D S S T O P R J O
V Y O D B O T T T U R N O K
H L N O D Z O O U R N B I P
```

ĈAMPIONO   JUĜISTO
FINALISTO   SPIRADO
LIGO   VENKO
TEAMO   LUDOJ
MEDALO   SPORTOJ
ĈAMPIONADO   STRATEGIO
INSTIGO   TREJNISTO
AGADO   TURNO

5 - Insekten

```
I  Y  H  S  G  L  B  M  L  F  P  A  R  A
E  W  D  R  L  U  Q  F  A  O  A  T  Y  F
E  T  E  R  M  I  T  O  R  R  P  X  D  I
Q  I  P  U  L  O  B  M  V  M  I  T  Q  D
G  N  U  J  P  I  J  E  O  I  L  D  S  O
V  E  R  M  O  O  V  U  L  K  I  U  C  W
A  O  V  L  A  K  R  I  D  O  O  C  T  C
B  N  P  A  W  M  S  M  A  N  T  I  S  O
E  V  E  S  P  O  O  K  Y  R  F  K  S  G
L  A  D  Y  B  U  G  S  A  C  P  A  B  Y
O  U  L  G  Q  N  Y  U  K  R  N  D  G  F
G  E  E  P  I  H  W  K  E  I  A  O  C  B
T  J  Q  S  R  K  K  U  X  I  T  B  T  J
B  L  A  T  O  O  A  Z  P  Q  H  O  O  B
```

FORMIKO	LIBELO
ABELO	LADYBUG
AFIDO	TINEO
PULO	MOSKITO
MANTISO	PAPILIO
AKRIDO	TERMITO
BLATO	VESPO
SKARABO	VERMO
LARVO	CIKADO

6 - Dinosaurier

```
P  L  E  U  D  T  Z  V  R  P  J  P  H  W
R  G  H  X  A  J  W  I  E  N  O  R  M  A
E  R  R  M  O  S  B  C  P  P  V  A  A  H
D  A  D  A  M  R  W  I  T  O  R  H  M  E
O  N  U  N  N  M  E  O  I  T  U  I  U  R
F  D  M  Q  I  D  U  S  L  E  B  S  T  B
S  A  J  M  V  E  E  A  I  N  P  T  O  I
K  P  R  P  O  K  O  C  O  C  B  O  B  V
S  M  E  U  R  K  C  H  O  A  E  R  Q  O
T  Z  B  C  E  V  O  S  T  O  V  I  H  R
S  B  Q  K  I  T  E  R  O  L  O  A  F  O
E  W  U  Q  M  O  T  R  K  B  L  X  G  O
F  O  S  I  L  O  J  P  N  V  U  E  B  G
X  K  V  V  R  A  P  T  O  R  O  S  M  X
```

OMNIVORE	GRANDECO
SPECIO	POTENCA
PREDO	MAMUTO
VICIOSA	HERBIVORO
ENORMA	PRAHISTORIA
TERO	RAPTOR
EVOLUO	REPTILIO
FOSILOJ	VOSTO
GRANDA	

7 - Obst

```
P A P A J O K I V O O Ĉ A A
I E V I N B E R O V R E T N
R F R A M B O S X X A R K A
O B U S Q S F B T O N I O N
A B S R I K T C A H Ĝ Z K A
W V O C J K I Y Z N O O O S
I O O S Q Z O D F Z A X S O
G D Z K B E R O C G C N O L
G X C O A N D V M L I C O Z
P R U N O D H O E S T I E Y
O Y O O P P O I L B R E N A
M O M A B R I K O T O T I O
O N E K T A R I N O N X F V
O U C H F M W L O M O E W K
```

ANANASO
POMO
ABRIKOTO
AVOKADO
BANANO
BERO
PIRO
RUSO
FRAMBO
ĈERIZO

KIVO
KOKOSO
MELONO
NEKTARINO
ORANĜO
PAPAJO
PERSIKO
PRUNO
VINBERO
CITRONO

8 - Schule #2

```
L L E G A D O K L U D O J L
I I X C R R I E R A S E R I
K N T O N D I L O A X T A B
A S H E D U K O L X J K O R
L T D O R S O S A K O O I O
E R S B H A O V T Q R T N J
N U C L Y N T M D T P R L O
D I I K O M P U T I L O L V
A S E V E T A B R L U W E O
R T N G C D P G S O M E R R
O O C C N E E B J L O A N T
L Q O D T Y R L U G J Z I A
P P V S J A O F E S M L W R
G R A M A T I K O F O J H O
```

EDUKO
KRAJONO
BUSO
LIBROJ
KOMPUTILO
GRAMATIKO
KALENDARO
INSTRUISTO
LERNI
LEGADO

LITERATURO
PAPERO
ERASER
DORSOSAKO
TONDILO
LUDOJ
PLUMOJ
SCIENCO
VORTARO

9 - Spielzeuge

```
L U D O J Q Q B I C I K L O
Y I L T P U P O Q L F F I X
W Q B I F W Ŝ A K O B S N P
K J W R A M A T A E P X M L
W I Z P O T T O M B Y M S R
Z M M H F J A V I A D I L O
K A J T O E T R O X X S M A
E G P Q R D A G N A J S R R
N P I L K O A Y O E Ŭ X U G
I O B T Y E B K D X U T L I
G V J K C F I O E W S J O L
M O M E T I O J T R A J N O
O T A M B U R O J O F D Y U
X G F I K U O Y J R P U G S
```

AŬTO   IMAGPOVO
PILKO   PUPO
BOATO   ENIGMO
LIBROJ   ROBOTO
KAJTO   ŜAKO
BICIKLO   TAMBUROJ
ŜATATA   LUDOJ
AVIADILO   ARGILO
METIOJ   TRAJNO
KAMIONO

10 - Komödie

```
T E L E V I D O K J T E E A
S O K Q A O M T Ŝ C Z E S P
S Y Z P R F S P E I W R P L
W U I L O E P A R F H I R A
H Y L O H X E M C O U D I Ŭ
Q S V B B H K U O K V O M D
F H R Y U S T Z J G P I A O
A K T O R O A A N E V U Z J
W L Z G D M N A V R E K L O
H A M W H B T H U M O R O V
L Ŭ X H N Y A K T O R I N O
U N P G S H R T E A T R O H
I O E P M T O P A R O D I O
U J Y P O D S S F N H R V L
```

APLAŬDOJ   PARODIO
ESPRIMA   SPEKTANTARO
KLAŬNOJ   AKTORO
TELEVIDO   AKTORINO
VARO   AMUZA
HUMORO   TEATRO
IMPROVIZO   ŜERCOJ
RIDO

11 - Camping

```
A V E N T U R O N A T U R O
E Ĉ S X K W P L T C N L I R
K A B A N O T E N D O A S H
C P O B Q R W R M D X N O P
L E F K Q B D V P C T T C Y
K L O Z I N S E K T O E M B
A O H K X H K Q A O T R A E
N Z M L F F A X C W Z N P S
U D Q P F B D M O N T O O T
O L Q K A M U Z A R B A R O
K C A F J S Z N T K F V K J
X G S G R I O U F N O X O O
J Z U M O E R Ŝ N U R O Y G
L U N O R B Ĉ A S A D O C I
```

AVENTURO
MONTO
FAJRO
HAMAKO
ĈAPELO
INSEKTO
ĈASADO
KABANO
KANUO
MAPO

KOMPASO
LANTERNO
LUNO
NATURO
LAGO
ŜNURO
AMUZA
BESTOJ
ARBARO
TENDO

12 - Zeit

```
K S G P W P M I N U T O J D
A E O Z E W P O S T B C A E
L M L R S U F V N U N L R H
E A P N T B P J O A Q L D O
N J A R O B X Z K K T T E R
D N T I N K M A T E N O K L
A O A J T O T I O Y Y G O O
R Y N A E D M M H T W K T Ĝ
O U T R C H O D I A Ŭ R O O
X F A C O T O F E G Z B Y P
I P Ŭ E O H R R R M J S X G
T I N D C G U A E C W S W
N V F T A G O E Ŭ Z W J D D
R V J O Q D N U J O Q O L H
```

FRUE   MONATO
HIERAŬ   MATENO
HODIAŬ   POST
JARO   NOKTO
JARCENTO   HORA
JARDEKO   TAGO
NUN   HORLOĜO
KALENDARO   ANTAŬ
MINUTO   SEMAJNO
TAGMEZO   ESTONTECO

13 - Säugetiere

```
Y  H  Ĝ  V  U  K  V  X  Z  W  L  K  U  G
C  K  I  Y  F  E  O  U  Y  Z  U  T  R  O
A  P  R  L  P  O  C  K  L  G  P  I  S  R
G  K  A  N  G  U  R  U  O  P  O  G  O  I
K  Ŝ  F  N  C  B  A  L  E  N  O  R  T  L
E  A  O  W  T  T  L  R  A  T  O  O  J  O
L  F  S  Y  L  E  O  N  O  L  X  T  X  X
E  O  I  T  G  E  R  V  I  R  B  O  V  O
F  Y  M  G  O  U  K  O  C  H  U  N  D  O
A  E  I  A  U  R  Ĉ  E  V  A  L  O  L  L
N  D  O  P  D  K  O  K  O  J  O  T  O  D
T  E  G  B  J  S  H  Z  X  X  M  B  V  C
O  S  T  M  K  T  H  S  Y  X  E  H  R  G
H  M  N  S  A  I  X  C  L  Z  E  B  R  O
```

SIMIO	LEONO
URSO	PANTERO
KASTORO	ĈEVALO
ELEFANTO	RATO
VULPO	ŜAFO
ĜIRAFO	VIRBOVO
GORILO	TIGRO
HUNDO	BALENO
KANGURUO	LUPO
KOJOTO	ZEBRO

14 - Astronomie

```
A S T R O N A Ŭ T O O A K K
T S P L A N E D O R B S O O
E U T R A K E T O M S T M N
L P D R T E R O B G E E E S
E E A Z O D I A K O R R T T
S R Z P H N O Z N B V O O E
K N O F T U O Y U H A I S L
O O S O F G I M O G T D A A
P V S T C S A E O V O O T C
O A X M E K Q T R L R S E I
K O O P O L S E Y Ĉ I E L O
N E B U L A O O P V O F I G
Z I U N I V E R S O G A T X
J Q M L U N O O T S Y Z O E
```

ASTEROIDO	NEBULA
ASTRONAŬTO	OBSERVATORIO
ASTRONOMO	PLANEDO
TERO	RAKETO
ĈIELO	SATELITO
KOMETO	STELO
KONSTELACIO	SUPERNOVAO
KOSMO	TELESKOPO
METEORO	ZODIAKO
LUNO	UNIVERSO

15 - Ballett

```
S  D  O  B  H  Z  M  G  G  S  T  I  L  O
P  R  A  K  T  I  K  O  R  E  E  U  E  A
E  T  E  K  N  I  K  O  M  A  S  L  R  I
K  O  P  I  E  Y  W  V  J  P  C  T  T  N
T  K  O  R  E  G  R  A  F  I  O  I  O  T
A  A  P  N  R  W  S  P  F  M  D  M  A  E
N  R  R  K  J  J  P  L  M  U  A  U  G  N
T  T  O  I  A  B  D  A  D  Z  N  S  U  S
A  A  V  O  E  Q  U  Ŭ  R  I  C  K  P  E
R  V  O  Z  A  V  B  D  I  K  I  O  D  C
O  R  K  E  S  T  R  O  T  O  S  L  S  O
E  S  P  R  I  M  A  J  M  M  T  O  D  O
C  R  C  Y  D  K  O  B  O  W  O  J  G  H
K  O  M  P  O  N  I  S  T  O  J  F  B  J
```

GRACIA	MUSKOLOJ
APLAŬDOJ	ORKESTRO
ESPRIMA	PRAKTIKO
KOREGRAFIO	PROVO
LERTO	SPEKTANTARO
GESTO	RITMO
INTENSECO	STILO
KOMPONISTO	DANCISTOJ
ARTA	TEKNIKO
MUZIKO	

16 - Strand

```
T O L G A S O L B S Y C A O
Z F I T H U M Y B U F M H C
G E Y I Y N B D X O L W T E
K R A B O O R I F O W N U A
M I P G U V E L Ŝ I P O K N
E O W C P K L C J E H M O O
I N S U L O O B W X C L E S
C N S U U L J Z L Z M K Q A
O S D F U M A R B O R D O B
M A R O U S Z G L I Q O U L
S A N D A L O J U P V K S O
N M L Y M U O B A N K O I Y
O A G V L Z P V F B O A T O
Y T T V F M J X K O Y I C S
```

BLUA	OCEANO
BOATO	OMBRELO
DOKO	RIFO
TUKO	SABLO
INSULO	SANDALOJ
KRABO	VELŜIPO
MARBORDO	SUNO
LAGUNO	FERIO
MARO	

17 - Restaurant #1

```
T  K  S  A  Ŭ  C  O  V  I  A  N  D  O  R
Z  R  S  P  H  R  J  R  H  J  B  E  B  E
K  L  A  K  K  A  S  I  S  T  O  S  U  Z
P  U  J  N  E  X  R  Y  X  B  V  E  Ŝ  E
R  Y  I  V  Ĉ  L  N  M  N  W  L  R  T  R
M  H  Q  R  O  I  N  K  G  P  O  T  U  V
P  L  K  H  E  A  L  E  R  G  I  O  K  A
M  A  N  Ĝ  O  J  Q  O  R  J  Q  S  O  D
E  B  K  S  I  K  O  U  K  I  Y  O  T  O
N  G  A  P  G  V  A  B  P  A  N  O  E  A
U  B  F  I  D  D  G  U  G  J  E  O  Z  X
O  K  O  C  A  X  H  L  K  O  K  I  D  O
W  N  Z  A  Z  I  K  C  A  O  K  I  B  N
P  X  G  H  U  L  N  R  P  X  P  A  C  Y
```

ALERGIO
PANO
DESERTO
MANĜO
VIANDO
KOKIDO
KAFO
KASISTO
KELNERINO

KUIREJO
MENUO
TRANĈILO
REZERVADO
BOVLO
BUŜTUKO
SAŬCO
SPICA

18 - Geologie

```
C  I  K  L  O  J  J  W  T  M  P  R  Q  X
L  K  O  N  T  I  N  E  N  T  O  Z  Y  Q
K  A  L  C  I  O  K  V  A  R  C  O  J  O
O  L  V  S  T  A  L  A  G  M  I  T  O  J
R  T  U  O  M  C  L  Z  T  Ŝ  S  A  L  O
A  E  X  P  H  I  Z  O  N  O  T  K  A  K
L  B  G  B  D  D  W  X  O  F  A  O  I  S
O  E  C  Y  A  O  Q  W  Y  N  L  F  N  K
U  N  T  E  R  T  R  E  M  O  A  O  E  O
J  A  K  A  V  E  R  N  O  R  K  S  R  U
F  Ĵ  V  U  L  K  A  N  O  G  T  I  O  Q
F  O  J  D  P  Y  N  I  R  Y  I  L  Z  A
M  I  N  E  R  A  L  O  J  B  T  O  I  H
I  A  A  R  G  E  J  S  E  R  O  D  O  X
```

TERTREMO	ALTEBENAĴO
EROZIO	KVARCO
FOSILO	SALO
GEJSERO	ACIDO
KAVERNO	STALAGMITOJ
KALCIO	STALAKTITO
KONTINENTO	ŜTONO
KORALO	VULKANO
LAVO	ZONO
MINERALOJ	CIKLOJ

19 - Wissenschaft

```
M O L E K U L O J E R A G N
E I J B B U C I B V F N H B
T K N A T U R O R O A S W O
O L F E A J U U R L K O D R
D I I R R X N S S U T O A G
O M Z O I A P T X O O O T A
C A I J G P L A N T O J U N
M T K X Z R F O S I L O M I
A O O G Y L A K J A F W O S
T T B V T X B V E F I P C M
A B E K S P E R I M E N T O
A T O M O Z A Z A T I M O L
K Y A H I P O T E Z O K F N
L A B O R A T O R I O P O W
```

ATOMO   MINERALOJ
KEMIKO   MOLEKULOJ
DATUMO   NATURO
EVOLUO   ORGANISMO
EKSPERIMENTO   EROJ
FOSILO   PLANTOJ
HIPOTEZO   FIZIKO
KLIMATO   GRAVITO
LABORATORIO   FAKTO
METODO

20 - Bildende Kunst

```
P  A  V  Ĉ  K  T  S  N  H  K  R  E  T  O
O  A  A  E  A  R  R  G  R  D  C  F  G  Ŝ
R  R  K  F  R  I  E  F  P  Y  A  U  L  A
T  T  S  V  B  T  Z  A  X  X  R  Q  A  B
R  I  O  E  O  Y  P  M  V  Z  G  F  Z  L
E  S  S  R  H  G  W  E  F  O  I  O  U  O
T  T  D  K  P  F  W  D  N  I  L  T  R  N
O  O  S  O  U  D  X  Y  V  T  O  O  O  A
X  V  W  F  I  L  M  O  V  Q  R  K  E  W
T  S  R  W  X  B  P  L  U  M  O  O  D  K
E  S  T  A  B  L  O  T  I  L  W  J  V  J
T  T  B  S  P  C  E  R  A  M  I  K  O  Z
K  R  A  J  O  N  O  U  X  Ĵ  F  F  E  P
A  R  K  I  T  E  K  T  U  R  O  Q  G  A
```

ARKITEKTURO	GLAZURO
KRAJONO	ĈEFVERKO
FILMO	PORTRETO
FOTO	ŜABLONA
PENTRO	SKULPTAĴO
KARBO	ESTABLO
CERAMIKO	PLUMO
KREAVO	ARGILO
KRETO	VAKSO
ARTISTO	

21 - Sport

```
S  B  A  S  K  E  T  B  A  L  O  P  Ĉ  T
T  O  Z  A  X  K  E  G  U  B  I  J  A  J
A  B  N  H  W  A  A  A  V  L  O  X  M  E
D  Y  R  M  R  M  M  J  R  E  W  V  P  F
I  T  H  O  K  E  O  N  W  V  Z  A  I  O
O  U  L  V  H  L  B  I  C  I  K  L  O  L
Y  P  E  A  V  O  R  N  T  H  Z  Z  N  U
W  K  I  D  S  T  A  T  L  E  T  O  A  D
D  E  Z  O  O  P  U  O  U  X  N  M  D  O
G  I  M  N  A  Z  I  O  D  P  P  I  O  U
F  P  F  H  L  P  J  H  A  L  W  L  S  G
B  A  S  B  A  L  O  N  N  E  Q  G  U  O
V  E  G  I  M  N  A  S  T  I  K  O  R  Q
T  R  E  J  N  I  S  T  O  G  O  L  F  O
```

ATLETO
BASBALO
BASKETBALO
MOVADO
HOKEO
BICIKLO
GAJNINTO
GOLFO
GIMNAZIO

GIMNASTIKO
TEAMO
ĈAMPIONADO
LUDO
LUDANTO
STADIO
TENISO
TREJNISTO

22 - Mythologie

```
P  C  G  M  W  B  T  K  R  E  O  Q  Y  K
D  Q  K  O  M  X  K  A  M  G  Y  E  M  H
V  I  Y  R  A  D  M  T  Ĉ  I  E  L  O  S
K  E  F  T  G  O  F  A  X  L  L  F  N  E
F  N  N  A  I  R  X  S  A  E  O  I  S  N
O  Ĵ  G  Ĝ  A  Z  B  T  K  G  K  H  T  M
R  B  A  T  O  N  D  R  O  E  U  E  R  O
T  E  X  L  U  W  I  O  N  N  L  R  O  R
O  S  K  S  U  K  F  F  D  D  T  O  S  T
G  T  M  V  T  Z  L  O  U  O  U  O  T  E
S  O  T  C  Q  I  O  E  T  I  R  G  E  C
L  A  B  I  R  I  N  T  O  E  O  U  P  O
A  R  K  E  T  I  P  O  F  J  W  B  E  O
W  A  H  Y  Q  F  U  L  M  O  H  G  U  J
```

ARKETIPO	KULTURO
FULMO	LABIRINTO
TONDRO	LEGENDO
ĴALUZO	MAGIA
HEROO	MONSTRO
ĈIELO	VENĜO
KATASTROFO	FORTO
KREO	MORTA
BESTO	SENMORTECO
MILITO	KONDUTO

23 - Restaurant #2

```
B  F  T  A  G  M  A  N  Ĝ  O  K  U  K  O
K  O  R  N  M  X  S  S  C  L  F  N  F  E
E  R  I  U  Q  E  P  E  U  L  I  G  N  B
L  K  N  X  K  B  E  Ĝ  A  P  Ŝ  D  S  H
N  O  K  Z  A  T  C  O  K  B  O  N  A  J
E  S  A  L  A  T  O  H  V  K  V  C  B  N
R  V  Ĵ  H  C  X  J  T  O  N  O  U  X  G
O  H  O  O  Y  I  P  K  E  W  J  S  T  O
K  V  E  S  P  E  R  M  A  N  Ĝ  O  P  C
W  U  X  Z  W  I  D  B  R  U  P  R  N  I
B  G  L  A  C  I  O  Q  I  T  O  O  M  K
A  M  R  E  L  E  G  O  M  O  J  P  E  S
Z  Y  D  I  R  S  A  L  O  M  S  Y  Y  D
T  I  V  K  I  O  E  M  G  M  Z  R  N  C
```

VESPERMANĜO	BONAJ
OVOJ	KUKO
GLACIO	KULERO
FIŜO	TAGMANĜO
FRUKTO	SALATO
FORKO	SALO
LEGOMOJ	SEĜO
TRINKAĴO	SUPO
SPECOJ	AKVO
KELNERO	

24 - Ökologie

```
S  P  L  R  J  N  V  F  U  H  F  M  L  H
U  E  F  I  F  A  A  D  L  G  L  A  G  X
P  B  K  M  Y  T  L  T  L  Y  O  R  X  T
E  V  C  E  C  U  D  K  U  R  R  Ĉ  M  Z
R  C  I  D  C  R  N  G  C  R  A  O  P  I
V  F  B  O  S  O  T  O  F  W  A  D  M  G
I  D  W  J  V  I  Z  P  L  A  N  T  O  J
V  O  L  O  N  T  U  L  O  J  Ŭ  U  N  M
O  D  A  Ŭ  R  I  G  E  B  L  A  N  T  A
I  X  I  B  J  N  Y  S  P  E  C  I  O  R
K  L  I  M  A  T  O  O  A  B  V  D  J  A
T  U  T  M  O  N  D  A  B  N  E  O  Q  U
H  A  B  I  T  A  T  O  C  P  N  Y  Y  H
K  O  M  U  N  U  M  O  J  F  I  H  F  Y
```

SPECIO	HABITATO
MONTOJ	MARA
SEKECO	DAŬRIGEBLA
FAŬNO	NATURO
FLORA	NATURA
VOLONTULOJ	PLANTOJ
KOMUNUMOJ	RIMEDOJ
TUTMONDA	MARĈO
KLIMATO	SUPERVIVO

25 - Schokolade

```
S  A  Z  K  Q  Q  Q  N  E  N  X  K  Ŝ  K
P  U  L  V  O  R  O  G  Q  K  T  A  A  V
G  B  K  Z  D  S  M  I  K  Q  L  K  T  A
P  O  P  E  A  M  A  R  A  D  N  A  A  L
D  N  S  A  R  A  K  I  D  O  J  O  T  I
V  A  Z  O  Z  O  Q  D  B  L  L  H  A  T
K  J  T  W  N  X  P  A  N  Ĉ  N  Z  K  O
Q  O  H  L  E  T  X  S  R  A  A  A  A  V
K  V  K  R  E  C  E  P  T  O  M  U  R  L
P  P  K  O  F  F  Y  Q  G  N  M  A  A  W
C  Z  G  U  S  T  O  I  C  M  G  O  M  O
H  L  R  B  J  O  E  K  Z  O  T  A  E  T
Y  P  Z  Q  K  A  L  O  R  I  O  J  L  E
A  N  T  I  O  X  I  D  A  N  T  O  O  S
```

ANTIOXIDANTO	KARAMELO
AROMO	KOKOSO
AMARA	BONAJ
ARAKIDOJ	PULVORO
EKZOTA	KVALITO
ŜATATA	RECEPTO
GUSTO	DOLĈA
KAKAO	SUKERO
KALORIOJ	

26 - Boote

```
R B O N D O J V D T C I M F
I M C A S V F X E O E U A T
V A E M J X Y W N L M R S O
E R A A N K R O I U Ŝ S T A
R O N S A V B O A T O I O U
O D O R Q G U F L A G O P M
E O O F O O O E Q Ŝ N U R O
T B Q K L H K U G I N X I T
K A R A O O I R J G A Y M O
N X Z N I B S X A A Ŭ N O R
S F E U S A K O Ĉ I T Z I O
O Y Z O V D I P T M I X M O
H W D Q X V P Y O O K Q M R
T C E B L I O K A J A K O R
```

ANKRO	MARO
BUO	MOTORO
SKIPO	NAŬTIKA
DOKO	OCEANO
PRIMO	SAVBOATO
FLOSO	LAGO
RIVERO	VELŜIPO
KAJAKO	ŜNURO
KANUO	ONDOJ
MASTO	JAĈTO

27 - Stadt

```
F  M  R  H  F  W  A  P  A  G  F  X  B  U
N  C  X  Z  C  C  Q  S  M  E  L  Y  H  N
L  B  H  V  A  P  O  T  E  K  O  H  C  I
S  I  W  N  L  T  M  A  R  I  R  O  F  V
U  B  B  Z  O  O  U  D  K  N  I  T  L  E
P  L  B  R  L  L  Z  I  A  O  S  E  U  R
E  I  A  T  E  D  E  O  T  E  T  L  G  S
R  O  N  G  E  J  O  R  O  V  O  O  H  I
B  T  K  N  L  A  O  I  N  E  L  X  A  T
A  E  O  A  O  A  T  D  W  E  P  Y  V  A
Z  K  Q  I  H  P  D  R  L  T  J  M  E  T
A  O  B  A  K  E  J  O  O  S  P  O  N  O
R  O  F  R  E  S  T  O  R  A  C  I  O  P
O  G  A  L  E  R  O  K  L  I  N  I  K  O
```

APOTEKO	KLINIKO
BANKO	MERKATO
BAKEJO	MUZEO
BIBLIOTEKO	RESTORACIO
FLORISTO	LERNEJO
LIBREJO	STADIO
FLUGHAVENO	SUPERBAZARO
GALERO	TEATRO
HOTELO	UNIVERSITATO
KINO	ZOO

28 - Aktivitäten

```
Ĉ  L  D  M  E  T  I  O  J  I  P  C  Z  Ĝ
A  E  A  A  A  H  F  B  L  M  E  E  Y  A
S  R  Y  G  N  L  U  D  O  J  N  R  P  R
A  T  Q  I  O  C  S  X  J  E  T  A  L  D
D  O  E  O  Q  K  O  T  L  N  R  M  E  E
O  L  E  G  A  D  O  O  R  F  O  I  Z  N
F  O  T  O  Y  W  I  M  B  E  S  K  U  A
F  I  Ŝ  K  A  P  T  A  D  O  Ĉ  O  R  D
U  M  U  E  Z  J  U  K  U  D  R  I  O  O
T  E  N  D  U  M  A  D  O  Y  J  L  Ĝ  E
A  O  E  L  I  B  E  R  T  E  M  P  O  O
W  R  A  L  T  I  G  A  N  T  A  I  W  Z
A  K  T  I  V  E  C  O  M  H  A  Y  M  Z
U  H  Y  O  K  P  X  K  S  I  A  W  A  M
```

AKTIVECO	CERAMIKO
FIŜKAPTADO	ARTO
TENDUMADO	METIOJ
MALSTREĈIĜO	LEGADO
LERTO	MAGIO
FOTO	KUDRI
LIBERTEMPO	LUDOJ
ĜARDENADO	DANCO
PENTRO	PLEZURO
ĈASADO	ALTIGANTA

29 - Bienen

```
F V N W S Ĝ R V I Q X O A F
S U N O T V A K S O D F O R
V P M G Y L B R U M X L V U
A L H O M X E E D I M O M K
R Q A Q Z F L Ĝ I E I R G T
M L B I Z T U I V L N O U O
O Z I W U A J N E O S O T F
M L T U F S O O R I E P I L
P L A N T O J A S L K O L O
A J T A F R M I E Y T L A R
J X O K C A E I C E O E N O
F L U G I L O J O P D N W J
P O L L I N A T O R F O V H
B E K O S I S T E M A R L W
```

POLLINATOR
ABELUJO
FLOROJ
FLORO
FLUGILOJ
FRUKTO
ĜARDENO
MIELO
INSEKTO
REĜINO

HABITATO
EKOSISTEMA
PLANTOJ
POLENO
FUMO
SVARMO
SUNO
DIVERSECO
UTILA
VAKSO

30 - Wissenschaftliche Disziplinen

```
Y  B  N  B  B  I  O  K  E  M  I  O  O  E
M  O  E  F  I  Z  I  O  L  O  G  I  O  K
I  T  U  G  S  O  C  I  O  L  O  G  I  O
N  A  R  B  Z  K  L  D  A  D  Z  C  W  L
E  N  O  P  S  I  K  O  L  O  G  I  O  O
R  I  L  B  G  N  K  U  G  R  X  E  N  G
A  K  O  P  M  E  K  A  N  I  K  O  K  I
L  O  G  H  A  S  T  R  O  N  O  M  I  O
O  R  I  I  U  I  Y  A  K  P  Z  Y  L  J
G  S  O  P  G  O  A  D  O  E  X  D  X  P
I  M  U  N  O  L  O  G  I  O  M  C  A  T
O  T  E  R  M  O  D  I  N  A  M  I  K  O
A  H  K  V  C  G  E  O  L  O  G  I  O  E
J  X  E  J  K  Y  A  N  A  T  O  M  I  O
```

ANATOMIO
ASTRONOMIO
BIOKEMIO
BIOLOGIO
BOTANIKO
KEMIO
GEOLOGIO
IMUNOLOGIO
KINESIOLOGY

MEKANIKO
MINERALOGIO
NEUROLOGIO
EKOLOGIO
FIZIOLOGIO
PSIKOLOGIO
SOCIOLOGIO
TERMODINAMIKO

31 - Vögel

```
P  P  U  M  L  D  C  U  M  F  I  Q  A  U
A  W  A  H  F  I  Y  I  J  V  M  A  N  P
V  G  A  P  O  G  M  L  K  A  Y  D  S  A
O  Y  P  N  A  D  T  K  F  O  J  Z  E  Q
Q  L  I  Y  A  G  L  O  C  U  N  P  R  N
G  E  N  N  K  S  O  G  S  K  C  I  O  F
W  E  G  J  C  V  O  M  T  T  I  K  O  L
K  O  V  O  P  A  S  E  R  O  G  O  K  A
U  Z  E  V  S  D  F  V  I  A  N  R  O  M
K  E  N  I  K  A  H  O  G  R  O  V  L  I
O  B  O  A  P  T  F  V  O  D  V  O  O  N
L  H  I  D  O  G  D  O  Z  E  U  S  M  G
O  H  K  O  K  I  D  O  S  O  Q  Q  B  O
P  E  L  I  K  A  N  O  I  P  H  U  O  M
```

AGLO	PAPAGO
OVO	PELIKANO
ANASO	PAVO
STRIGO	PINGVENO
FLAMINGO	KOVO
ANSERO	ARDEO
KOKIDO	CIGNO
KORVO	PASERO
KUKOLO	CIKONIO
MEVO	KOLOMBO

32 - Garten

```
G A R A Ĝ O F V I A Z T T H
X T I Q J O M L A T P R R A
M Q U F L D R H O E M A U M
L M L J F K M U D R N M L A
H E R B O D H L S A O P O K
B E N K O K J H G S C O A O
I Z D M G A Z O N O F L R R
N I U R V E R A N D O I B A
Ĝ A R D E N O B P H Z N O S
U M M B R F I D U F O O K T
J T W I G B H O D S K S H I
S E G L O A L A G E T O O T
H E R B O J V U G W Z O P W
B A R I L O Ŝ O V E L I L O
```

BENKO	RASTI
ARBO	ŜOVELILO
FLORO	HOSO
TRULO	LAGETO
ARBUSTO	TERASO
GARAĜO	TRAMPOLINO
ĜARDENO	HERBOJ
HERBO	VERANDO
HAMAKO	BARILO
GAZONO	

33 - Antarktis

```
T O P O G R A F I O W G K G
T E M P E R A T U R O E F L
K J A E S G M S H O D O M A
A O W E P P E J W C K G I C
N K V R L E D E M K O R N I
P Q V O O N I B F Y N A E O
I O E O R I O R P G S F R M
K O N T I N E N T O E I A I
K M T A S S V E T E R O L G
L X O Q T U Y X F Z V Y O R
P M J L O L T S C H A Z J A
D K K X V O A X M O D D W D
B I R D O J O K M J O P O O
G L A Ĉ E R O J Z B T C P K
```

KOVO	MIGRADO
GLACIO	MINERALOJ
KONSERVADO	TEMPERATURO
ROCKY	TOPOGRAFIO
ESPLORISTO	MEDIO
GEOGRAFIO	BIRDOJ
GLAĈEROJ	AKVO
PENINSULO	VETERO
KONTINENTO	VENTOJ

34 - Fahren

```
A  R  B  R  B  K  C  C  H  V  B  P  T  B
Ŭ  A  J  M  R  W  F  A  M  O  T  O  R  O
T  P  K  D  E  D  G  N  A  C  V  A  A  W
O  I  S  V  M  A  A  B  P  Q  Z  T  F  F
S  D  O  B  S  K  R  N  O  H  O  E  I  Z
E  O  T  B  O  C  A  O  Ĝ  Z  T  N  K  G
K  W  J  U  J  I  Ĝ  P  U  E  M  T  O  A
U  N  P  S  N  D  O  K  O  U  R  U  M  Z
R  I  L  O  U  E  F  U  E  L  O  O  Y  O
E  K  F  U  A  N  L  X  E  S  I  K  O  N
C  O  R  O  X  T  A  O  B  M  B  C  I  V
O  R  M  O  T  O  R  C  I  K  L  O  O  T
P  E  R  M  E  S  I  L  O  J  Q  X  W  P
X  O  B  P  N  K  A  M  I  O  N  O  D  G
```

AŬTO	KAMIONO
BREMSOJ	MOTORO
FUELO	MOTORCIKLO
BUSO	POLICO
GARAĜO	SEKURECO
GAZO	TUNELO
DANĜERO	AKCIDENTO
RAPIDO	TRAFIKO
MAPO	ATENTU
PERMESILO	

35 - Bücher

```
E  U  S  E  R  I  O  A  F  W  S  L  F  R
P  B  K  R  E  H  T  T  Ŭ  R  Z  I  S  C
O  D  R  V  U  I  W  K  P  T  K  T  P  T
P  H  I  S  T  O  R  I  A  P  O  E  M  O
E  I  B  P  H  R  I  I  Ĝ  Q  L  R  L  F
A  Z  A  L  I  B  I  O  O  F  E  A  O  P
A  R  O  M  A  N  O  N  F  U  K  T  H  G
B  V  P  O  E  Z  I  O  V  T  T  U  P  L
W  H  E  O  A  X  Y  D  B  E  O  R  D  E
Q  K  U  N  T  E  K  S  T  O  N  A  X  G
F  W  L  O  T  D  K  X  M  F  S  T  I  A
P  R  K  L  Z  U  H  U  M  U  R  A  A  N
P  F  C  Y  N  A  R  A  X  L  H  I  T  T
R  A  K  O  N  T  O  O  D  U  E  C  O  O
```

AVENTURO	HUMURA
AŬTORO	KOLEKTO
DUECO	KUNTEKSTO
EPOPEA	LEGANTO
INVENTA	LITERATURA
POEMO	POEZIO
RAKONTO	ROMANO
SKRIBA	PAĜO
HISTORIA	SERIO

36 - Menschlicher Körper

```
N  S  T  E  F  S  O  D  N  J  F  B  G  P
H  A  T  O  K  A  P  O  O  Q  Z  U  M  Ŝ
O  N  Z  K  U  R  J  Q  C  G  F  Ŝ  A  U
M  G  G  O  B  T  F  K  E  E  I  O  K  L
B  O  M  L  U  B  J  O  R  N  N  Z  Z  T
M  F  A  O  T  V  P  R  B  U  G  W  E  R
A  W  N  H  O  B  I  O  O  O  R  E  L  O
L  B  O  B  R  T  M  Z  U  D  O  O  O  C
E  M  E  N  T  O  N  O  A  W  J  M  G  D
O  U  O  E  K  Y  W  Y  C  Ĝ  T  M  F  R
L  L  A  N  G  O  H  E  R  Z  O  B  P  P
O  X  H  F  C  N  V  A  T  P  E  S  P  T
T  D  I  J  D  J  A  A  Y  J  L  N  Y  L
L  E  X  M  E  Y  H  Z  J  H  K  X  X  X
```

KRURO	MENTONO
SANGO	GENUO
KUBUTO	MALEOLO
FINGRO	KAPO
CERBO	BUŜO
VIZAĜO	NAZO
KOLO	ORELO
MANO	ŜULTRO
KORO	LANGO
MAKZELO	

37 - Klettern

```
F  S  F  I  Z  I  K  A  T  A  S  L  A  F
K  C  O  G  A  N  T  O  J  I  X  M  L  S
M  I  R  S  T  A  B  I  L  E  C  O  T  R
T  V  T  A  P  R  T  W  H  D  J  K  I  G
U  O  O  M  T  C  E  E  L  V  W  V  G  V
G  L  D  A  W  M  T  J  R  V  Q  U  A  I
B  E  S  P  J  P  O  L  N  E  F  N  N  D
A  M  X  O  X  S  I  S  I  A  N  D  T  I
U  O  G  M  H  P  T  B  F  T  D  O  A  L
B  O  T  O  J  E  A  L  T  E  C  O  H  O
K  A  S  K  O  R  K  A  V  E  R  N  O  J
Y  C  F  A  M  T  O  R  H  B  W  O  V  T
K  G  R  W  M  A  L  L  A  R  Ĝ  A  S  Q
J  Q  D  Z  J  L  W  O  X  Q  B  T  P  L
```

ATMOSFERO	MAPO
TREJNADO	SCIVOLEMO
SPERTA	FIZIKA
GVIDILOJ	MALLARĜA
TERENO	STABILECO
GANTOJ	FORTO
KASKO	BOTOJ
ALTECO	VUNDO
KAVERNO	ALTIGANTA

38 - Landschaften

```
M O N T O I A K V O F A L O
G O L F O N C G A I N L K C
P L K F A S C A L G H E A O
E A A B Z U J W O A J Z J S
N G V C O L Q C C F C E I X
I U E N E O D J R I V E R O
N N R M G B F M L O U V R O
S O N A E D E K O G L A G O
U O O R J E M R F T K G W X
L S N O S Z M P G R A B L E
O H U C E E A X L O N K K H
I S Y L R R I O A O B U Q
F C X E O T Ĉ I C O Ĝ U V P
T U N D R O O P D M J O X L
```

MONTO	MARO
GLACEBERGO	OAZO
RIVERO	LAGO
GEJSERO	PLAĜO
GLACERO	MARĈO
GOLFO	VALO
PENINSULO	TUNDRO
KAVERNO	VULKANO
INSULO	AKVOFALO
LAGUNO	DEZERTO

39 - Abenteuer

```
Ŝ  M  X  N  G  R  P  D  L  F  Y  Q  S  I
D  A  N  Ĝ  E  R  A  E  D  B  B  K  E  T
I  I  N  L  U  Z  M  S  U  S  E  R  K  I
F  A  L  C  Ĝ  F  I  T  J  Y  C  F  U  N
I  K  E  W  O  B  K  I  B  X  P  F  R  E
C  T  T  Z  J  A  O  N  C  E  O  N  E  R
U  I  M  L  O  I  J  O  O  K  L  F  C  O
L  V  O  J  A  Ĝ  O  J  P  I  Y  E  O  F
T  E  E  N  T  U  Z  I  A  S  M  O  C  V
O  C  N  A  T  U  R  O  B  R  A  V  O  O
H  O  K  P  R  E  P  A  R  O  J  A  W  E
B  N  E  K  U  T  I  M  A  V  F  N  K  D
N  A  V  I  G  A  D  O  Q  C  J  I  E  W
E  K  S  K  U  R  S  O  N  O  V  A  N  L
```

AKTIVECO	VOJAĜOJ
EKSKURSO	ITINERO
ENTUZIASMO	BELECO
ŜANCO	DIFICULTO
ĜOJO	SEKURECO
AMIKOJ	BRAVO
DANĜERA	NEKUTIMA
NATURO	PREPARO
NAVIGADO	DESTINO
NOVA	

40 - Flugzeuge

```
P J H N A V A E R O G L L A
A I I O V H I D R O G E N O
S H S D E V E N O T A M C Q
A Z T B N N A V I G I L B Q
Ĝ S O A T M O S F E R O T W
E K R L U K H N P R N R V O
R I I O R P O J Ĉ I E L O L
O P O N O S E N H U L W L B
M O C O V K W N S B K O H M
O C X U L Z F X O T L O T L
T K T E X Q U K T A R N Y O
O M U V Z J E S P S K U P T
R O L Ŝ V E L I G A S X O E
O N V Y X H O H E L I C O J
```

AVENTURO	ALTO
DEVENO	KONSTRUO
ATMOSFERO	AERO
ŜVELIGAS	MOTORO
BALONO	NAVIGI
FUELO	PASAĜERO
SKIPO	PILOTO
HISTORIO	HELICOJ
ĈIELO	HIDROGENO

41 - Haartypen

```
B  G  N  U  B  W  I  H  Q  Y  T  V  L  B
R  L  I  U  Y  H  N  L  F  K  U  M  G  W
A  A  G  W  L  G  L  V  O  B  A  A  R  Z
I  J  R  G  N  R  I  O  B  U  K  L  O  J
D  H  A  B  P  I  W  A  S  K  F  L  V  B
E  H  C  B  L  Z  G  S  T  O  F  O  T  A
D  U  I  S  M  A  L  D  I  K  A  N  U  Z
B  R  U  N  A  M  N  O  R  G  S  G  V  L
U  S  E  K  A  O  U  K  D  I  K  A  B  I
K  T  N  K  O  L  O  R  A  J  C  L  L  B
L  O  N  G  A  A  A  R  Ĝ  E  N  T  O  R
A  P  L  E  K  T  A  Ĵ  O  J  Q  B  N  I
S  J  G  P  D  C  I  D  X  R  P  L  D  L
V  E  U  C  E  U  X  A  S  A  N  A  A  A
```

BLONDA	MALLONGA
BRUNA	LONGA
DIKA	BUKLOJ
MALDIKA	BUKLA
KOLORAJ	NIGRA
BRAIDED	ARĜENTO
SANA	SEKA
BRILA	MOLA
GRIZA	BLANKA
KALVA	PLEKTAĴOJ

42 - Essen #1

```
C V K S U K O J X B F Y A M
V O E A P I R O K A R O T O
X R B L F I T U J Z A C S I
C Q N O X O N C F I G I A F
S U K E R O X A W L O T L C
Z A B P P Z O C C O F R A Y
K A Q K S D P N E O V O T P
P A T D U C C J P B Y N O I
I J I E P A I L O W Q O W Z
L L N I O F P N O S M H H P
K O U L A K T O A E Q C J G
E U S V I A N D O M C N Y F
R Q O A R A K I D O O S R L
T C Y W R A P O T K E U E A
```

BAZILO	SUKO
PIRO	SALATO
FRAGO	SALO
ARAKIDO	SPINACO
VIANDO	SUPO
KAFO	TINUSO
KAROTO	CINAMO
AJLO	CITRONO
LAKTO	SUKERO
RAPO	CEPO

43 - Gebäude

```
T  E  C  F  L  G  H  O  T  E  L  O  G  V
R  K  K  A  B  A  N  O  L  K  B  A  R  G
S  Z  I  R  J  S  Y  Q  E  X  R  M  E  I
U  G  N  M  I  T  V  A  R  L  U  B  N  U
Z  Z  O  O  X  E  T  P  N  A  P  A  E  B
Y  B  I  Q  L  J  T  V  E  B  P  S  J  G
I  R  F  N  U  O  X  W  J  O  N  A  O  A
Y  B  F  T  O  J  I  Z  O  R  K  D  D  R
U  N  I  V  E  R  S  I  T  A  T  O  L  A
T  E  N  D  O  Z  T  E  A  T  R  O  M  Ĝ
H  O  S  P  I  T  A  L  O  O  K  Z  U  O
X  X  O  D  M  U  D  R  Q  R  Z  W  Z  Z
X  Z  H  O  D  R  I  G  I  I  B  O  E  T
K  J  K  N  A  O  O  T  M  O  Q  H  O  U
```

FARMO	LABORATORIO
AMBASADO	MUZEO
UZINO	GRENEJO
GARAĜO	LERNEJO
GASTEJO	STADIO
HOTELO	TEATRO
KABANO	TURO
KINO	UNIVERSITATO
HOSPITALO	TENDO

44 - Angeln

```
L F U O B R I K O J W A V S
A S X C D R A T O H S S V Y
J E Q E W P E Z O P P N I T
H Z M A K Z E L O Q F Y K R
Y O M N A Ĝ I L O J L A G O
A N K O P A C I E N C O R I
E O I O L K O R B O A D I G
H K G E A B A Y O R K K V O
L V I Q Ĝ N D S A H V J E B
N O H P O J F Q T R O A R H
W G G A A J X T O B G Y O J
Q K J A M Ĵ K U I R I S T O
Y P J Y Ĵ M O P Q Z O S D N
F L R P D O N L U Z N Y Q V
```

EKIPAĴO	BRIKOJ
BOATO	KUIRISTO
DRATO	KORBO
NAĜILOJ	LOGAĴO
RIVERO	OCEANO
PACIENCO	LAGO
PEZO	PLAĜO
HOKO	TROIGO
SEZONO	AKVO
MAKZELO	

45 - Regenwald

```
S P U S R E S P E K T O S A
B U P G P V R L P M E R T M
O Q P M J E R I F U Ĝ O R F
T Q S E D T C U Q S P F G I
A J U K R O K I C K B I S B
N Q Q I E V L G O O Z R K I
I Ĝ M N K D I V E R S E C O
K A A A E V M V B I R D O J
O N M O W T A W O G A F M H
P G U Z N A T U R O V W V Z
V A L O R A O M D N M N U A
R L O I N S E K T O J U C N
Y O J I N D I Ĝ E N A X K K
N U B O J K O M U N U M O Y
```

AMFIBIOJ
SPECIO
BOTANIKO
ĜANGALO
INDIĜENA
KOMUNUMO
INSEKTOJ
KLIMATO
MUSKO

NATURO
RESPEKTO
MAMULOJ
SUPERVIVO
DIVERSECO
BIRDOJ
VALORA
NUBOJ
RIFUĜO

46 - Essen #2

```
P O M O F X B O X F Ĉ A J C
C F U Q O U A A Z R E S O J
U E I R P A N O Q O R P G W
X Y L Ŝ W N A G T M I A U R
B I W E O R N Ŝ O A Z R R M
R I Z O R J O I M Ĝ O A T E
T T E Z T I Ĉ N A O M G O L
O V O W W X O K T T I O H A
A R T I Ŝ O K O O R G A O N
B R O K O L O G C I D X A Z
H A I I S B L O B T A G S O
W Z B Y C B A W Z I L N I O
B J W X P J D G Q K O L V L
T N G B Q H O B Z O H D F T
```

POMO
ARTIŜOKO
MELANZO
BANANO
BROKOLO
PANO
OVO
FIŜO
JOGURTO
FROMAĜO

ĈERIZO
MIGDALO
FUNGO
RIZO
ŜINKO
ĈOKOLADO
CELERIO
ASPARAGO
TOMATO
TRITIKO

47 - Familie

```
P C B A K P R A P A T R O I
K A L U U O N V A E C W N N
Q V T M Z P A T R O J W E F
U O F R O E P E R S N N P A
M P L R A D A D W F E K O N
T A Z V W Z T Z R R V V L O
O T N E V O R I A V I N O O
F R A T O R I N F A N A Ĝ O
R I R I R T N O J E O O R Q
A N L K F K O T E J C N J V
T A W I O N K L I N O O U F
I G H E N J A K S B B S Q K
N H W M Q O R K Q L M D R Q
O P L G I Q Q D V T F H C N
```

FRATO	NEVO
EDZINO	NEVINO
EDZO	ONKLO
NEPO	FRATINO
AVINO	ONKLINO
AVO	FILINO
INFANO	PATRO
INFANAĜO	PATRA
PATRINO	KUZO
PATRINA	PRAPATRO

48 - Pflanzen

```
R  I  G  D  T  P  A  G  G  S  B  A  V  W
A  P  L  I  C  C  F  G  F  L  O  R  A  Z
D  D  I  Ĝ  K  R  B  V  H  O  T  B  P  L
I  V  M  A  R  B  A  R  O  Y  A  O  I  B
K  W  A  R  P  K  A  K  T  O  N  P  O  F
O  Q  W  D  U  H  R  M  Q  H  I  D  E  P
H  E  D  E  R  O  B  I  B  C  K  X  L  E
I  M  P  N  T  V  U  P  S  U  O  Y  Z  T
S  F  L  O  R  O  S  H  T  K  O  K  F  A
J  O  A  B  A  M  T  Y  E  E  C  L  O  L
W  L  D  B  E  R  O  E  R  R  U  E  L  O
L  I  L  Z  O  N  M  T  K  M  B  D  I  N
H  O  M  U  S  K  O  Z  O  G  I  O  O  X
V  E  G  E  T  A  Ĵ  A  R  O  H  Q  J  S
```

BAMBUO	HEDERO
ARBO	FLORA
BERO	ĜARDENO
FOLIO	HERBO
FLORO	KAKTO
PETALO	FOLIOJ
FABO	MUSKO
BOTANIKO	VEGETAĴARO
ARBUSTO	ARBARO
STERKO	RADIKO

49 - Kunst

```
S  I  H  O  N  E  S  T  O  M  H  J  W  L
C  K  N  I  F  F  H  X  V  H  D  C  V  S
T  T  U  S  T  L  I  S  I  M  B  O  L  O
Z  L  X  L  P  C  X  C  D  P  C  R  H  S
I  G  I  P  P  I  M  E  A  J  E  I  U  U
E  B  P  O  R  T  R  E  T  U  R  G  M  B
S  Y  Z  B  D  M  A  I  T  P  A  I  O  J
P  I  A  C  O  S  P  Ĵ  T  V  M  N  R  E
R  A  M  M  B  N  C  D  O  A  I  A  O  K
I  G  V  P  P  O  E  Z  I  O  K  L  G  T
M  G  Z  A  L  F  U  Y  G  C  O  A  U  O
O  V  S  M  H  A  P  E  R  S  O  N  A  N
N  B  E  A  P  E  N  T  R  A  Ĵ  O  J  V
K  O  M  P  L  E  K  S  O  P  P  Q  I  L
```

ESPRIMO	ORIGINALA
HONESTO	PERSONA
SIMPLA	POEZIO
SUBJEKTO	PORTRETU
PENTRAĴOJ	SKULPTAĴO
INSPIRITA	HUMORO
CERAMIKO	SIMBOLO
KOMPLEKSO	VIDA

50 - Gewürze

```
N  T  R  A  A  H  R  O  C  D  U  S  T  M
R  Z  H  I  B  C  P  I  A  O  W  R  H  K
C  I  N  A  M  O  I  T  Y  L  I  E  P  S
U  N  F  N  J  G  P  D  R  Ĉ  W  L  K  X
R  G  O  O  Z  L  R  N  A  A  E  I  M  N
R  I  F  E  N  K  O  L  O  M  B  N  Y  C
Y  B  V  A  N  I  L  O  U  A  I  Q  C  J
A  R  G  K  C  U  O  A  P  R  Y  L  Y  F
N  O  N  U  S  K  A  L  R  A  X  Z  C  R
I  C  U  M  S  X  C  A  R  D  A  M  O  M
Z  E  T  I  A  T  S  A  F  R  A  N  O  C
O  P  M  N  L  K  O  R  I  A  N  D  R  O
L  O  E  O  O  G  L  I  K  O  R  I  C  O
C  S  G  P  B  V  Z  O  N  O  M  D  M  Q
```

ANIZO	GLIKORICO
AMARA	NUTMEG
CURRY	PIPRO
FENKOLO	SAFRANO
GUSTO	SALO
ZINGIBRO	ACIDA
CARDAMOM	DOLĈA
AJLO	VANILO
KORIANDRO	CINAMO
KUMINO	CEPO

51 - Gemüse

```
M  C  V  S  P  I  N  A  C  O  V  W  A  O
R  E  E  A  J  L  O  L  L  F  F  Y  R  X
A  O  L  L  R  V  Q  S  P  Y  L  P  T  V
P  V  Q  A  E  T  C  W  Z  M  O  E  I  C
O  E  I  T  N  R  Z  E  A  P  R  T  Ŝ  C
Z  B  S  O  P  Z  I  N  G  I  B  R  O  E
T  O  M  A  T  O  O  O  F  Z  R  O  K  P
C  N  T  Y  O  A  Z  V  J  O  A  S  O  O
K  A  R  O  T  O  E  D  I  Q  S  E  W  X
C  U  B  R  O  K  O  L  O  X  I  L  W  E
H  C  K  U  K  U  R  B  O  D  K  O  J  A
U  R  B  U  G  H  T  E  R  P  O  M  O  J
B  R  D  I  M  D  P  O  L  I  V  O  K  C
F  U  N  G  O  O  S  T  R  B  O  E  Y  T
```

ARTIŜOKO	KUKURBO
MELANZO	OLIVO
FLORBRASIKO	PETROSELO
BROKOLO	FUNGO
PIZO	RAPO
KUKUMO	SALATO
ZINGIBRO	CELERIO
KAROTO	SPINACO
TERPOMO	TOMATO
AJLO	CEPO

52 - Katzen

```
S F Ĉ A S I S T O Q T Q T M
A E U R M U S O S O V A Ĝ A
A L N P Z U B V O S T O J Y
M T G D U X Z K U R I O Z A
I O E O E Y D A Y H M T M Y
I H G R T P K O O N I E E D
Y J O M A E E N T R T K B O
D P W I F R E N E Z A S R F
E H O K N S L U D E M A A X
W T Q F U O V G F A V Ĵ P X
C D S E S N U U H A P O I D
Y T X F Z E W C C P T H D Z
B U N C E C H J D G A F E N
Y A Q X S O X H U R K W S J
```

FELTO
TEKSAĴO
ĈASISTO
AMUZA
UNGEGO
MUSO
KURIOZA
PERSONECO
PAW

DORMI
RAPIDE
TIMITA
VOSTO
SENDEPENDA
FRENEZA
LUDEMA
ETA
SOVAĜA

53 - Tanzen

```
G  S  P  N  T  T  Q  S  C  D  A  E  T  B
V  R  K  V  M  P  V  G  T  L  K  M  X  I
C  E  A  K  U  D  K  N  T  C  A  O  V  P
Z  H  L  C  T  F  F  L  R  Q  D  C  I  A
T  P  U  R  E  K  C  E  A  N  E  I  D  R
U  L  J  L  Ĝ  O  J  A  D  S  M  O  A  T
N  J  T  D  J  R  Z  R  I  I  I  J  M  N
P  N  I  A  G  E  L  T  C  N  O  K  U  E
A  P  C  T  T  G  J  O  I  T  M  U  A  R
K  U  L  T  U  R  A  L  A  E  U  L  R  O
K  O  R  P  O  A  I  R  F  N  Z  T  O  P
P  R  O  V  O  F  U  T  L  O  I  U  H  X
P  E  S  P  R  I  M  A  M  F  K  R  Z  K
Z  V  U  N  M  O  V  A  D  O  O  O  H  F
```

AKADEMIO
GRACE
ESPRIMA
MOVADO
KOREGRAFIO
EMOCIO
ĜOJA
SINTENO
KLASIKA
KORPO

KULTURO
KULTURA
ARTO
MUZIKO
PARTNERO
PROVO
RITMO
TRADICIA
VIDA

54 - Ernährung

```
R D Y V E S A N A F J G W R
L J J L I K A L O R I O J Y M
J D U T V N C E R E A L O J
N X B A I O M K D S A Ŭ C O
F I A M L R A F V I Y T K A
N G P I I G N E E A E S A N
K U E N B S Ĝ R C M L T D P
D S T O R Z E M S A Y I O E
J T I R A T B E B R C A T Z
V O T Q A S L N M A A R S O
W Y O K G O A T P A R T O Q
T O K S I N O A M H R J A B
D I G E S T O D B L E F V V
V A P P W P R O T E I N O J
```

APETITO
EKVILIBRA
AMARA
DIETO
MANĜEBLA
FERMENTADO
GUSTO
SANA
SANO
CEREALOJ

PEZO
KALORIOJ
PARTO
PROTEINOJ
KVALITO
SAŬCO
TOKSINO
DIGESTO
VITAMINO

55 - Technologie

```
V  D  J  W  N  D  V  F  W  L  H  M  E  K
I  I  S  F  B  B  R  R  I  W  N  E  S  O
R  G  T  H  F  I  B  G  X  Z  D  S  P  M
U  I  A  K  U  R  S  O  R  O  Z  A  L  P
S  T  T  S  O  F  T  V  A  R  O  Ĝ  O  U
O  A  I  N  T  E  R  R  E  T  O  O  R  T
H  L  S  X  I  D  F  W  O  R  Z  R  A  I
D  O  T  Y  P  B  A  J  T  O  J  R  D  L
O  T  I  G  A  T  A  T  V  H  C  F  O  O
S  E  K  U  R  E  C  O  U  U  G  O  O  I
I  A  O  F  O  O  G  C  Y  M  H  T  O  H
E  K  R  A  N  O  K  J  A  U  O  I  S  K
R  R  E  T  U  M  I  L  O  K  Y  L  O  O
O  W  Q  V  I  R  T  U  A  L  A  O  P  G
```

EKRANO	INTERRETO
RETUMILO	FOTILO
BAJTOJ	MESAĜO
KOMPUTILO	TIPARO
KURSORO	SEKURECO
DOSIERO	SOFTVARO
DATUMO	STATISTIKO
DIGITALO	VIRTUALA
ESPLORADO	VIRUSO

56 - Wasser

```
G Q T O V K U V Q O M I S V
E L M D H C A R I V E R O A
J P P L U V O N A Q P E I P
S Y U D M I A W A G D U Ŝ O
E X N Z I E Y P T L A G O R
R X K H D N E Ĝ O F O N D I
O R H R O N H E C R K M O Ĝ
T R I N K E B L E O O C I O
O X I H X G J D A S I G R N
V B C M L W D O N T N L I D
X E T J A H F L O O U A G O
A Z Z J O U W X Q I N C A J
H K B J Y J U S S N D I D P
Y X X I A W Q Q Y E O O O R
```

IRIGADO   URAGANO
VAPORO   KANALO
DUŜO   OCEANO
GLACIO   PLUVO
HUMIDO   NEĜO
RIVERO   LAGO
INUNDO   TRINKEBLE
FROSTO   VAPORIĜO
GEJSERO   ONDOJ

57 - Science Fiction

```
P O R A K O L O G K I N O E
I L I B R O J M B Q B D R M
B D A R O B O T O J G I F C
T E K N O L O G I O A S U S
M I S T E R A I M H L T T C
F R M C Y D M G W B A O U E
W A B F R M O N D O K P R N
I S J O I L U Z I O S I I O
T M G R L N C P J U I O S X
P P P F O I B F Y P O F T N
U T O P I O M I R I N D A G
A J E Y S R E A L I S M O R
E K S T R E M A G V S E R P
E K S P L O D O Z A I G W P
```

LIBROJ   IMAGA
DISTOPIO   KINO
EKSPLODO   ORAKOLO
EKSTREMA   PLANEDO
MIRINDA   REALISMO
FAJRO   ROBOTOJ
FUTURISTA   SCENO
GALAKSIO   TEKNOLOGIO
MISTERA   UTOPIO
ILUZIO   MONDO

58 - Haustiere

```
T  V  J  P  N  F  H  K  M  Z  X  N  N  H
K  E  M  Y  C  G  U  K  P  Y  I  Z  N  A
X  T  S  T  R  P  N  O  A  E  K  O  K  M
T  E  O  T  R  I  D  L  P  T  E  F  L  S
L  R  J  B  U  E  O  U  A  K  I  A  X  T
F  I  Ŝ  O  D  D  D  M  G  U  Y  D  B  R
M  N  H  C  Z  O  O  O  O  N  P  K  O  O
N  A  J  W  F  J  T  P  J  I  L  A  V  E
C  R  K  A  T  O  I  K  D  K  A  P  I  O
C  O  Q  V  M  U  S  O  N  L  C  R  N  J
I  D  O  D  O  M  A  N  Ĝ  O  E  O  O  T
B  U  Z  U  J  L  K  B  M  U  R  U  O  C
M  R  V  O  S  T  O  Q  F  V  T  S  U  L
K  U  D  U  S  G  F  T  U  F  O  W  M  I
```

LACERTO	MUSO
MANĜO	PAPAGO
FIŜO	PIEDOJ
HAMSTRO	TESTUDO
KUNIKLO	VOSTO
HUNDO	VETERINARO
KATO	AKVO
KATIDO	IDO
KOLUMO	KAPRO
BOVINO	

59 - Geburtstag

```
K  J  A  R  O  J  Z  P  F  N  T  P  G  I
E  Y  G  N  N  Z  P  T  K  A  N  T  O  N
R  H  B  R  J  S  G  D  C  S  O  C  Q  V
D  O  N  A  C  O  A  I  W  K  U  K  O  I
P  G  S  M  K  A  E  Ĝ  J  I  E  E  Ĝ  T
K  E  P  I  A  M  Y  V  O  T  K  B  O  O
A  L  E  K  R  U  F  N  R  A  A  S  J  J
L  F  C  O  T  Z  F  U  C  L  N  G  A  U
E  E  I  J  O  A  O  M  Z  M  D  R  O  N
N  S  A  F  J  T  M  U  I  F  E  N  N  A
D  T  L  T  M  S  E  P  F  E  L  I  Ĉ  A
A  O  A  E  M  H  T  M  P  U  O  V  O  T
R  M  E  M  O  R  O  J  P  I  J  W  V  V
O  L  S  X  Q  D  H  J  H  O  E  S  W  B
```

INVITOJ	KALENDARO
MEMOROJ	KARTOJ
FESTO	KANDELOJ
ĜOJA	KUKO
AMIKOJ	KANTO
NASKITA	AMUZA
DONACO	SPECIALA
FELIĈA	TAGO
JARO	SAĜO
JUNA	TEMPO

60 - Literatur

```
T R A G E D I O R I M O S A
P E D I A L O G O O X F R T
R A F I K C I O Z R M X I V
I R Ŭ L V C R Q C X W A W F
S Y Z T E M O M I J D P N C
K T C K O N K L U D O O A O
R B I O G R A F I O J E N R
I O K L F S O S V G E Z A I
B P I G O A W Y Y F C I L T
O R A K O N T A N T O A O M
E Z J P O E M O W P C B G O
A N E K D O T O R O K I I D
F U C P L M E T A F O R O X
A N A L I Z O K O M P A R O
```

ANALOGIO	METAFORO
ANALIZO	POEZIA
ANEKDOTO	RIMO
AŬTORO	RITMO
PRISKRIBO	ROMANO
BIOGRAFIO	KONKLUDO
DIALOGO	STILO
RAKONTANTO	TEMO
FIKCIO	TRAGEDIO
POEMO	KOMPARO

61 - Wandern

```
W F K L W B E S T O J E K S
Z A M A P O R I E N T I Ĝ O
P E Z A Q T L R K K L K V V
A G R H R O I K L I F O E A
R V W P Ŝ J J K I H R G T Ĝ
K I B U T X M E M Q O G E A
O D Q N O E V O A K V O R S
J I U T N N A T U R O O U
O L G O O F Z D O L A C A N
A O C L J R X W U X B Q D O
P J V L A Y B P W M O N T O
V N P P K S P R E P A R O Q
R Y D G V J H P V R H D E A
H H A S C P G R D I D L O B
```

MONTO	PARKOJ
TENDUMADO	PEZA
GVIDILOJ	SUNO
PUNTO	ŜTONOJ
MAPO	BOTOJ
KLIMATO	BESTOJ
KLIFO	PREPARO
LACA	AKVO
NATURO	VETERO
ORIENTIĜO	SOVAĜA

62 - Länder #2

```
I X K T J A P A N I O S C L
A L E S A M S T V E E U C I
Y Z N D M N I R L A N D O B
F G J M A E M A A S F A S E
I R O P J P X E L I I N G R
J U A V K A W P K B Q O R I
V H L N O L L J K S A B E O
E X B R C O I G E C I N K X
L A O S O I S I R I O K I N
U G A N D O O R U S I O O O
X X Q N I G E R I O O P I W
E T I O P I O H A I T I O L
I R P A K I S T A N O P W O
W C L U K R A I N I O C T K
```

ALBANIO
ETIOPIO
FRANCIO
GREKIO
HAITIO
IRLANDO
JAMAJKO
JAPANIO
KENJO
LAOSO

LIBERIO
MEKSIKO
NEPALO
NIGERIO
PAKISTANO
RUSIO
SUDANO
SIRIO
UGANDO
UKRAINIO

63 - Fahrzeuge

```
T  M  B  U  S  O  W  P  C  J  A  J  M  H
T  E  I  O  P  S  B  T  R  A  J  N  O  E
R  T  C  E  A  S  Y  A  E  I  C  O  T  L
A  R  I  H  Z  T  E  K  B  I  M  S  O  I
C  O  K  U  F  L  O  S  O  I  A  O  R  K
T  O  L  E  K  K  F  I  W  Z  M  V  O  O
O  Z  O  E  A  P  Y  O  N  I  B  A  S  P
R  T  T  K  R  A  K  E  T  O  U  V  K  T
S  U  B  M  A  R  Ŝ  I  P  O  L  I  O  E
F  T  O  Q  V  M  L  Y  O  S  A  A  T  R
W  D  F  C  A  A  I  S  M  X  N  D  E  O
C  K  G  P  N  E  Ŭ  O  J  Z  C  I  R  K
R  M  P  H  O  F  Q  A  N  I  O  L  O  A
Y  T  E  S  C  A  Ŭ  T  O  O  T  O  R  V
```

AŬTO	MOTORO
BOATO	RAKETO
BUSO	PNEŬOJ
BICIKLO	SKOTERO
PRIMO	TAKSIO
FLOSO	TRACTOR
AVIADILO	METROO
HELIKOPTERO	SUBMARŜIPO
AMBULANCO	KARAVANO
KAMIONO	TRAJNO

64 - Badezimmer

```
A  G  J  T  S  D  B  E  M  O  D  O  Z  N
Ŝ  K  S  O  A  C  K  U  D  U  X  E  I  N
I  A  V  A  P  O  R  O  N  Z  H  U  Y  E
S  P  M  O  O  Z  A  V  Q  R  I  I  K  D
P  R  G  P  M  G  N  X  Q  C  C  Z  K  U
E  U  S  A  U  S  O  R  Y  T  Y  B  N  Ŝ
G  M  I  R  A  O  T  O  N  D  I  L  O  O
U  D  Z  F  F  W  H  J  E  K  Z  T  J  L
L  N  C  U  V  I  D  X  C  B  M  U  J  O
O  N  X  M  K  A  B  Q  E  E  J  K  T  Y
T  T  B  O  Z  Z  O  W  S  B  P  O  I  H
S  P  O  N  G  O  E  B  E  L  M  Z  C  P
D  V  E  Z  I  K  O  J  J  L  V  L  D  R
T  A  P  I  Ŝ  O  A  R  O  S  F  V  H  N
```

VEZIKOJ	SAPO
VAPORO	ŜAMPUO
DUŜO	SPEGULO
TUKO	TAPIŜO
PARFUMO	NECESEJO
TONDILO	AKVO
SPONGO	KRANO

65 - Musikinstrumente

```
T H A R P O B E P N U R G S
P A I H V G A R E T Q A I A
C R M I S O P M C S X P T K
H M Z B J N Y X T E V V A S
O O T F U G Y P R B I T R O
B N F A X R V I O L O N O F
O I L G M H I A H T L K N O
J K U F B R N S R O A L N
O O T T E F U O O U N F I O
C M O O Q L Q R J M Ĉ R B S
K L A R N E T O O P E L Q G
M A N D O L I N O E L C S Q
X P B N B A N J O T O X I M
N T R O M B O N O O G O X B
```

BANJO
VIOLONĈELO
FAGOTO
FLUTO
VIOLONO
GITARO
GONG
HARPO
KLARNETO

PIANO
MANDOLINO
HARMONIKO
HOBOJO
TROMBONO
SAKSOFONO
TAMBURINO
TAMBURO
TRUMPETO

66 - Blumen

```
L E O Z O H I A T N Z P Y H
D A O S I R I N G O D A R F
Q D V Q Q B K B L U I P H F
E T W E L G R I I E O A B Y
L E K A N T O G D S D V U X
L I L I O D Z A S E K O K H
P E O N I O O R U T O O E M
J A S M E N O D N R L P D A
U J X U P K U E F I R R O G
H C M P A W K N L F S H I N
W P H A D I E I O O L K D O
T U L I P O Q A R L P S N L
B F M P E T A L O I Y E Z I
T M T S O S E T V O D X G A
```

PETALO

GARDENIA

LEKANTO

HIBISKO

JASMENO

TRIFOLIO

LAVENDO

SIRINGO

LILIO

MAGNOLIA

PAPAVO

ORKIDEO

PEONIO

ROZO

SUNFLORO

BUKEDO

TULIPO

67 - Natur

```
Z  Q  T  A  C  I  P  U  L  U  B  N  R  C
I  L  R  R  N  K  R  A  K  S  E  U  I  T
P  I  O  B  E  K  R  R  C  T  S  B  F  J
I  B  P  A  M  T  I  K  F  A  T  O  U  W
K  U  I  R  A  B  V  T  X  B  O  J  Ĝ  C
D  B  K  O  L  E  E  O  P  E  J  S  O  B
E  S  A  R  H  F  R  T  M  L  M  E  Y  U
Z  B  C  G  A  M  O  O  C  O  O  R  A  F
E  W  R  C  V  K  I  L  Z  J  N  E  M  W
R  Y  Y  K  E  Y  S  V  I  I  T  N  D  C
T  L  N  E  B  U  L  O  D  O  O  A  X  Y
O  R  B  G  L  A  C  E  R  O  J  D  C  A
I  C  G  N  A  B  E  L  E  C  O  C  M  O
D  I  N  A  M  I  K  A  S  O  V  A  Ĝ  A
```

ARKTO	FOLIOJ
MONTOJ	NEMALHAVEBLA
ABELOJ	NEBULO
DINAMIKA	BELECO
EROZIO	BESTOJ
RIVERO	TROPIKA
PACA	ARBARO
GLACERO	SOVAĜA
RIFUĜO	NUBOJ
SERENA	DEZERTO

68 - Urlaub #2

```
J  R  E  S  T  O  R  A  C  I  O  T  J  L
Y  T  P  M  M  A  P  O  J  P  I  R  A  I
D  R  V  I  A  T  E  N  D  O  Z  A  I  B
T  A  Q  C  H  R  A  M  W  F  B  N  Y  E
A  J  F  I  K  O  O  J  H  E  Q  S  F  R
K  N  R  U  Y  I  T  J  I  R  C  P  L  T
S  O  E  I  T  Y  P  E  H  I  F  O  U  E
I  M  M  K  T  M  V  I  L  O  R  R  G  M
O  Q  D  E  S  T  I  N  O  O  E  T  H  P
G  G  U  V  R  D  Z  S  P  W  M  A  A  O
C  W  L  S  R  P  A  U  A  L  D  D  V  F
Y  V  O  J  A  Ĝ  O  L  R  Q  A  O  E  T
P  T  S  P  A  S  P  O  R  T  O  Ĝ  N  A
J  C  W  T  E  N  D  U  M  A  D  O  O  A
```

FREMDULO	VOJAĜO
FREMDA	RESTORACIO
TENDUMADO	PLAĜO
FLUGHAVENO	TAKSIO
LIBERTEMPO	TRANSPORTADO
HOTELO	FERIO
INSULO	VIZA
MAPO	TENDO
MARO	DESTINO
PASPORTO	TRAJNO

69 - Zirkus

```
B  C  G  K  P  W  Z  X  Y  T  I  G  R  O
E  L  E  F  A  N  T  O  P  F  G  F  E  E
S  J  E  S  J  A  E  L  E  O  N  O  D  A
T  O  B  P  A  Z  N  D  G  S  D  Z  F  K
O  G  A  E  C  X  D  B  V  D  J  J  T  R
J  N  L  K  O  C  O  L  M  U  Z  I  K  O
T  I  O  T  N  E  R  U  A  O  I  W  H  B
U  S  N  A  Q  B  P  R  G  F  O  H  R  A
H  T  O  N  Z  P  A  J  I  L  I  M  T  T
V  O  J  T  V  L  R  M  O  N  T  R  O  O
J  D  K  O  R  M  A  Y  U  I  Y  U  A  J
M  A  G  O  Q  R  D  E  B  Z  Y  Z  Q  H
K  O  S  T  U  M  O  S  I  M  I  O  H  U
B  I  L  E  T  O  V  X  J  A  S  O  G  I
```

SIMIO	MUZIKO
AKROBATO	PARADO
BALONOJ	BESTOJ
PAJACO	TIGRO
ELEFANTO	RUZO
BILETO	AMUZI
JOGNISTO	MAGO
KOSTUMO	MONTRO
LEONO	TENDO
MAGIO	SPEKTANTO

70 - Barbecues

```
M U Z I K O V X T V M P F D
S K M M U U E S A Z A T H X
P O A V B O S A G T T R T C
I K M J V L P L M I V A M J
P I I E F E E A A V H N F A
R D K F R G R D N D Y Ĉ A K
O O O O U O M O Ĝ L I I M A
X Y J R K M A J O U N L I Z
G Y V K T O N I A D F O L E
R R A O O J Ĝ F U O A J I Q
M K I J L C O F B J N F O J
R V W L N S A Ŭ C O O S C T
U F K J O S A L O N J U W Y
T O F I M A L S A T O T Y L
```

VESPERMANĜO
FAMILIO
AMIKOJ
FRUKTO
FORKOJ
LEGOMOJ
GRILO
VARMA
KOKIDO
MALSATO

INFANOJ
TRANĈILOJ
TAGMANĜO
MUZIKO
PIPRO
SALADOJ
SALO
SOMERO
SAŬCO
LUDOJ

71 - Küche

```
J  G  T  P  Z  U  Z  F  F  F  K  S  R  T
F  R  I  D  U  J  O  U  O  L  X  P  E  R
U  I  S  Z  K  A  L  D  R  O  N  O  C  E
E  L  G  L  G  M  K  H  N  H  S  N  E  K
B  O  V  L  O  J  A  R  O  N  P  G  P  U
Ĉ  E  R  P  I  L  O  N  U  Z  E  O  T  L
F  B  U  Ŝ  T  U  K  O  Ĝ  Ĉ  C  P  O  E
R  O  V  I  I  Z  I  D  Y  O  O  F  S  R
O  T  R  A  N  Ĉ  I  L  O  J  J  P  T  O
S  A  E  K  A  N  T  A  Ŭ  T  U  K  O  J
T  S  C  H  O  P  S  T  I  C  K  S  S  K
U  O  E  D  E  J  T  S  Y  U  Y  T  I  B
J  J  Y  H  X  C  B  O  K  Q  Q  U  W  Q
O  L  R  J  P  X  A  E  T  Q  W  P  M  R
```

MANĜO
CHOPSTICKS
FORKOJ
FROSTUJO
SPECOJ
GRILO
ĈERPILO
KRUĈO
FRIDUJO
KULEROJ

TRANĈILOJ
FORNO
RECEPTO
ANTAŬTUKO
BOVLO
SPONGO
BUŜTUKO
TASOJ
KALDRONO

72 - Schach

```
P T E M P O D A I S U N K S
L U D A N T O U D D I I O O
J A N D I R E Ĝ I N O G N Z
N G M K J H Q O P A T R T Ĉ
Z A C S T F Q F A I A A R A
B P U V R O N E S M G N A M
E L C Y L E J R I W Q G Ŭ P
I U A F D Y Ĝ O V W H R U I
M D B N U Q K O A W D R L O
S O Z D K O N K U R S O O N
Q O Y L V A T U R N O H D O
R E G U L O J L N E O Y N T
D I A G O N A L A T T X G N
G K O F S T R A T E G I O V
```

ĈAMPIONO   NIGRA
DIAGONALA   LUDO
KONTRAŬULO   LUDANTO
REĜO   STRATEGIO
REĜINO   TURNO
OFERO   BLANKA
PASIVA   KONKURSO
PUNKTOJ   TEMPO
REGULOJ

73 - Erhaltung

```
I  F  N  A  U  C  S  I  N  M  H  R  F  B
C  R  A  S  R  E  P  C  K  X  E  A  D  O
P  K  T  M  A  K  V  O  J  Y  K  E  Y  U
E  D  U  K  O  N  W  R  W  H  L  P  V  U
P  V  R  K  Z  V  O  L  O  N  T  U  L  O
V  O  A  Z  P  A  V  K  L  I  M  A  T  O
R  I  L  K  V  P  E  S  T  I  C  I  D  O
R  E  K  U  D  Y  R  F  G  T  L  L  S  R
H  F  D  B  O  O  D  G  N  O  Q  F  U  G
Q  L  X  U  R  H  A  B  I  T  A  T  O  A
K  Q  C  I  K  L  O  M  E  D  I  A  P  N
I  H  R  U  D  T  X  Y  S  H  K  K  W  I
O  S  D  A  Ŭ  R  I  G  E  B  L  A  Q  K
E  K  O  S  I  S  T  E  M  A  W  R  F  A
```

EDUKO	ORGANIKA
VOLONTULO	EKOSISTEMA
SANO	PESTICIDO
VERDA	REDUKTI
KLIMATO	MEDIA
HABITATO	POLUO
DAŬRIGEBLA	AKVO
NATURA	CIKLO

74 - Geographie

```
U I W P B M A P O D I M D T
H R E G I O N O A I N E L E
E K B R N N N X X R S R A R
M K M O N D B D I A U I N I
I N V G K O M G B K L D D T
S L O A A L T E C O O I O O
F A K S T M A R O F J A U R
E T C I L O C E A N O N L I
R I I Q A N R S Y F X O G O
O T D H S T Z O R I V E R O
X U E D O O Q E R S M R N X
P D N N S Z C J N G P Q M R
Q O T W K O N T I N E N T O
E C O X B J Z Y S N O R D O
```

ATLASO	KONTINENTO
EKVATORO	LANDO
MONTO	MARO
LATITUDO	MERIDIANO
RIVERO	NORDO
TERITORIO	OCEANO
HEMISFERO	REGIONO
ALTECO	URBO
INSULO	MONDO
MAPO	OKCIDENTO

75 - Zahlen

```
D  D  R  D  E  K  K  V  I  N  E  Q  X  D
G  D  Y  U  B  V  V  V  L  U  E  K  C  E
L  E  M  D  X  I  A  B  M  L  E  Z  P  K
P  H  I  E  N  N  R  E  J  D  L  J  A  S
S  G  E  K  A  H  R  D  F  E  M  E  P  E
S  E  P  J  Ŭ  N  M  D  E  K  N  A  Ŭ  S
D  E  C  I  M  A  L  A  E  O  K  T  F  K
X  M  S  B  A  U  P  D  E  K  T  R  I  L
X  I  P  X  L  I  S  D  M  H  C  I  C  I
D  E  K  K  V  A  R  E  D  E  K  S  E  P
Y  F  X  M  V  H  X  K  U  U  F  H  S  M
V  A  B  C  Z  B  L  D  I  U  T  H  K  C
L  B  U  B  B  B  C  U  T  O  G  J  A  A
P  V  J  E  T  A  M  I  G  P  U  M  G  K
```

OK	SES
DEK OK	DEK SES
DECIMALA	SEP
TRI	DEK SEP
DEK TRI	KVAR
KVIN	DEK KVAR
DEK KVIN	DEK
NAŬ	DUDEK
DEK NAŬ	DU
NUL	DEK DU

76 - Urlaub #1

```
L T L P D Q I V D D M X I E
K A P W C J N A O N A I L X
O Z G L F R F L R A L B Q P
U P Y O P G H I S V S Y J E
A B I L E T O Z O I T X S D
Ŭ C V A L U T O S A R Y T I
T L Y P X R I P A D E G T C
O R K N B I T A K I Ĉ J D I
M M A C R S I R O L I V A O
F U B M V T N T A O Ĝ L Q B
B Z W R O O E O F U O B A B
L E P K E E R J G X A G Z M
S O L L T L O F I M N B R N
D O G A N O O F C O T Y V G
```

PARTO
AŬTO
MALSTREĈIĜO
EXPEDICIO
BILETO
AVIADILO
VALIZO
MUZEO

OMBRELO
ITINERO
DORSOSAKO
LAGO
TRAMO
TURISTO
VALUTO
DOGANO

77 - Kunst Liefert

```
C W Z S I A K J X I W U K G
V X A Y E I P A P E R O R L
K O L O R O J C R W Y J E U
G A S A A K V O J B O T A O
A F F K S O K S E Ĝ O V V M
B R T R E A R G I L O L O K
A H P I R W A P D C Y W U F
I Q C L R V J F E P O R C C
B C M I A Q O W O O X B W U
D R Y K O T N E J T A B L O
T O O O L E O F K B I N K O
Z P Y S F Y J F O H A L X R
A X D H O E S T A B L O O P
H P A O U J I Q Q V E S V O
```

AKRILIKO
KRAJONOJ
BROSOJ
KOLOROJ
KARBO
IDEOJ
FOTILO
KREAVO
GLUO

OLEO
PAPERO
ERASER
ESTABLO
SEĜO
TABLO
INKO
ARGILO
AKVO

78 - Tage und Monate

```
L U N D O S E P T E M B R O
W C L A I S E M A J N O C E
X C I I N M I B Y U L J D T
Ĵ A Ŭ D O K A L E N D A R O
J I P W V H M N B I S R D M
U F V S E L M Z Ĉ O A O E O
L J E F M M A C T O B S C N
I L F B B P R A K W A Y E A
O Z X W R R D Y Ŭ Y T H M T
J B R W O U O W N G O W B O
D F L E K W A U R G U O R Z
O K T O B R O R X A M S O T
M E R K R E D O O N A O T V
J A N U A R O E H K X W X O
```

AŬGUSTO   MERKREDO
DECEMBRO   MONATO
MARDO   LUNDO
ĴAŬDO   NOVEMBRO
FEBRUARO   OKTOBRO
JARO   SABATO
JANUARO   SEPTEMBRO
JULIO   DIMANĈO
JUNIO   SEMAJNO
KALENDARO

79 - Piraten

```
E R M I U I C P S L I Z J J
Y V X J F K I L M A C Q U R
R L I M F F K A A A N P T B
I N S U L O A Ĝ L V P K T B
T O V K A P T O B E L O R K
C R M X G K R G O N E U X O
F B E B O D O L N T G G J M
N M Q Z H A L A A U E M D P
S K I P O K A V E R N O O A
S A H Q W R P O T O D N R S
R U M O J D O S Z C O E O O
P A P A G O D A N Ĝ E R O B
K A P I T A N O T C O O T V
V P F W B Y Z Z K O G J B C
```

AVENTURO	KOMPASO
ANKRO	LEGENDO
SKIPO	MONEROJ
FLAGO	CIKATRO
DANĜERO	PAPAGO
ORO	RUMO
KAVERNO	TREZORO
INSULO	MALBONA
KAPITANO	GLAVO
MAPO	PLAĜO

80 - Surfen

```
A  J  L  F  K  F  Q  I  J  Ŝ  P  Y  N  V
T  L  A  P  H  O  C  Z  G  A  M  U  Z  A
L  J  U  I  Q  R  M  Q  Q  Ŭ  F  W  V  S
E  C  S  R  J  T  A  E  G  M  T  O  Z  T
T  R  C  O  N  O  M  K  N  O  X  A  Y  I
O  A  N  E  Z  Y  A  S  P  C  Ĉ  A  P  L
V  P  L  A  Ĝ  O  S  T  O  E  A  K  X  O
E  I  L  M  K  B  O  R  P  A  M  N  V  S
T  D  R  I  F  O  J  E  U  N  P  V  T  T
E  O  A  J  L  Q  A  M  L  O  I  Q  O  O
R  C  Y  U  H  J  J  A  A  B  O  H  N  M
O  P  Q  M  Z  J  J  H  R  B  N  V  D  A
T  J  D  I  D  K  K  M  A  Y  O  Y  O  K
I  B  S  L  D  X  K  L  U  Z  Q  D  J  O
```

KOMENCANTO	RIFO
ATLETO	ŜAŬMO
POPULARA	AMUZA
ĈAMPIONO	FORTO
EKSTREMA	STILO
RAPIDO	PLAĜO
STOMAKO	ONDO
AMASOJ	VETERO
OCEANO	

81 - Möbel

```
T E L E R B R E T A R O P K
T R E M A R K T O R O J B U
N S E Ĝ O K N R R L V N A R
S K U S E N O F U O A G W T
B R A K S E Ĝ O L Z A M C E
E I F Y O P A L U I X Q P N
N B D X F K E I B T T H M O
K O F D O B X G L D A O A J
O T A W R P Z G U X S U T U
H A M A K O M F Q L Z A R P
T B R E T O J W V N O I A L
I L V O P S H W W T V L C E
F O Q J K P V I L R L S O V
T K F Z L T A P I Ŝ O Y M A
```

BENKO

LITO

SOFO

TREMARKTOROJ

HAMAKO

KUSENO

TELERBRETARO

LAMPO

MATRACO

BRETOJ

SKRIBOTABLO

BRAKSEĜO

SPEGULO

SEĜO

TAPIŜO

KURTENOJ

82 - Kräuterkunde

```
M  R  K  W  F  Q  V  Z  P  F  L  O  R  O
A  Z  O  U  T  I  L  A  L  A  R  F  V  I
R  K  X  M  L  T  H  R  A  J  U  E  E  Y
Ĝ  V  N  B  E  I  E  M  N  L  X  N  R  R
O  A  A  Y  S  R  N  S  T  O  P  K  D  P
R  L  R  I  E  W  O  A  O  B  M  O  A  Q
O  I  R  D  R  N  N  F  R  B  V  L  L  Q
M  T  H  I  E  T  A  R  R  A  G  O  N  A
O  O  P  W  X  N  C  A  Y  Z  U  S  X  R
J  K  E  K  G  V  O  N  N  I  S  B  A  O
L  A  V  E  N  D  O  O  H  L  T  U  F  M
G  P  E  T  R  O  S  E  L  O  O  P  F  A
I  N  G  R  E  D  I  E  N  C  O  D  U  J
T  D  A  T  P  V  T  T  I  M  I  A  N  O
```

AROMAJ	LAVENDO
BAZILO	MARĜOROMO
FLORO	PETROSELO
TARRAGON	PLANTO
FENKOLO	KVALITO
ĜARDENO	ROMERO
GUSTO	SAFRANO
VERDA	TIMIANO
AJLO	UTILA
KULINARA	INGREDIENCO

83 - Tugenden #1

```
S  W  S  M  A  M  U  Z  A  J  B  S  H  I
V  A  P  U  R  A  U  I  C  H  F  E  W  S
C  E  Ĝ  A  T  K  W  F  I  D  I  N  D  A
J  W  R  A  A  B  L  E  M  E  M  D  W  I
J  E  L  R  M  O  D  E  S  T  A  E  H  N
P  B  D  M  P  N  Z  D  V  U  L  P  J  T
A  Z  H  E  R  A  D  E  V  J  A  E  N  E
C  K  S  F  A  B  S  C  H  M  V  N  I  L
I  C  J  I  K  U  R  I  O  Z  A  D  O  I
E  Q  C  K  T  H  O  D  A  N  R  A  Ĉ  G
N  L  V  A  I  G  V  A  R  Z  A  A  A  E
T  H  F  O  K  R  A  P  F  V  G  F  R  N
O  O  I  X  A  D  J  E  G  B  J  C  M  T
O  M  D  V  Q  X  H  E  L  P  E  M  A  A
```

MODESTA	AMUZA
ĈARMA	ARTA
EFIKA	PASIA
DECIDA	KURIOZA
PACIENTO	PRAKTIKA
MALAVARA	PURA
BONA	SENDEPENDA
HELPEMA	SAĜA
INTELIGENTA	FIDINDA

84 - Aktivitäten und Freizeit

```
W  L  N  N  U  Y  M  H  M  S  B  D  T  L
B  W  R  P  V  P  F  K  O  U  O  U  E  P
A  H  T  E  N  I  S  O  G  R  K  G  N  B
S  V  G  N  U  P  F  L  M  F  S  V  D  S
B  F  U  T  B  A  L  O  Z  I  A  A  U  L
A  F  T  R  G  W  K  O  F  N  D  R  M  V
L  X  G  O  L  F  O  X  N  G  O  T  A  O
O  J  P  M  L  P  Z  L  C  Ĝ  V  O  D  L
F  I  Ŝ  K  A  P  T  A  D  O  O  J  O  E
B  A  S  K  E  T  B  A  L  O  J  D  O  I
N  Y  C  Q  Ĝ  A  R  D  E  N  A  D  O  B
F  I  S  R  X  E  A  V  N  A  Ĝ  A  D  O
W  V  H  L  J  X  I  C  H  B  O  Q  I  L
A  L  T  I  G  A  N  T  A  K  O  F  T  L
```

FIŜKAPTADO   ARTO
BASBALO   VOJAĜO
BASKETBALO   NAĜADO
BOKSADO   SURFING
TENDUMADO   PLONĜO
FUTBALO   TENISO
ĜARDENADO   VOLEIBOL
PENTRO   ALTIGANTA
GOLFO

85 - Formen

```
L  C  U  P  E  R  O  N  D  A  B  O  N  H
A  I  H  E  A  F  K  W  G  T  O  S  F  I
X  R  N  L  R  Z  D  U  T  C  E  S  N  P
K  K  F  I  K  G  S  P  R  I  S  M  O  E
O  L  L  P  O  K  U  B  O  B  P  R  P  R
N  O  A  S  O  V  E  I  P  W  O  A  O  B
U  K  N  O  V  A  A  I  Z  M  X  N  L  O
S  M  K  D  A  D  D  N  E  E  Y  D  I  L
O  X  O  W  L  R  N  A  G  S  H  O  G  O
C  A  Y  Y  A  A  V  N  M  U  E  J  O  S
C  F  R  E  C  T  A  N  G  U  L  O  N  K
S  T  X  E  L  O  X  J  N  X  X  O  O  T
T  R  I  A  N  G  U  L  O  J  M  V  Y  N
P  I  R  A  M  I  D  O  D  B  A  L  Q  B
```

ARKO	OVALA
TRIANGULO	POLIGONO
ANGULO	PRISMO
ELIPSO	PIRAMIDO
HIPERBOLO	KVADRATO
RANDOJ	RECTANGULO
KONUSO	RONDA
CIRKLO	FLANKO
KURBO	KUBO
LINIO	

86 - Adjektive #2

```
K F P R I S K R I B A E N P
Y O Q Y J K R E A I L L O R
Z R V N M A L S A T A E R O
X T Y O A V X P G K Z G M D
O A J V N M S O V A Ĝ A A U
R I Q A Ĝ R X N S H Y N L K
Y N P O E L R D A F Z T A T
I T P X B Y O E N T I A E I
F E O F L S A L A J U E R V
A R O W A D R A M A N R R A
M E E A Ŭ T E N T A F D A A
A S N Ŝ C F T S O X J U C J
P A A I A A L J D I S K Z P
A B Z F A W Q V K Y J R G N
```

AŬTENTA
FAMA
PRISKRIBA
DRAMAN
ELEGANTA
MANĜEBLA
FREŜA
SANA
MALSATA
INTERESA

KREA
NATURA
NOVA
NORMALA
PRODUKTIVA
SALAJ
FORTA
FIERA
RESPONDE
SOVAĜA

87 - Kleidung

```
S  K  V  L  X  E  X  I  S  J  I  S  P  A
P  K  G  J  J  K  X  R  K  U  V  A  A  N
G  I  U  M  A  A  R  U  C  V  O  N  N  T
P  W  Ĵ  L  K  I  Q  Z  F  E  M  D  T  A
C  D  F  A  O  A  Z  K  T  L  O  A  A  Ŭ
M  S  Ĉ  E  M  I  Z  O  L  O  D  L  L  T
B  X  Ŝ  V  F  O  G  L  N  J  O  O  O  U
T  J  U  P  O  F  R  I  S  O  S  J  N  K
R  G  O  K  Z  D  N  E  U  T  H  V  O  O
M  A  N  T  E  L  O  R  Ĉ  A  P  E  L  O
S  E  V  E  T  E  R  O  X  A  Y  S  T  X
N  I  X  O  W  K  Z  A  G  A  N  T  O  J
N  F  W  P  H  Y  B  B  L  U  Z  O  I  B
B  R  A  C  E  L  E  T  O  I  C  U  J  I
```

BRACELETO	MANTELO
BLUZO	MODO
ZONO	SEVETER
KOLIERO	JUPO
GANTOJ	SANDALOJ
ĈEMIZO	SKULO
PANTALONO	PIĴAMO
ĈAPELO	JUVELOJ
JAKO	ŜUO
VESTO	ANTAŬTUKO

88 - Sommer

```
W Y A Z J L G S K D O Y T P
Y U D G U T R M N Z N L I L
I T T M A L S T R E Ĉ I Ĝ O
M A N Ĝ O U J J M L V B Z N
M A M I K O J S E I S E G Ĝ
E U R G I L R A M B V R N O
B M Z O C R U N O R R T K P
F A M I L I O D R O S E P I
R V T J K P A O J T M L S
L S T E L O J L J J D P A J
F N J X T I V O J A Ĝ O Ĝ U
Ĝ O J O C E G J F E R I O J
Y W T E N D U M A D O I S X
Ĝ A R D E N O J X G T R U C
```

LIBROJ	MARO
TENDUMADO	MUZIKO
MALSTREĈIĜO	VOJAĜO
MEMOROJ	SANDALOJ
MANĜO	LUDOJ
FAMILIO	STELOJ
LIBERTEMPO	PLAĜO
ĜOJO	PLONĜO
AMIKOJ	FERIO
ĜARDENO	

89 - Farben

```
V  L  L  B  L  U  A  C  Y  Y  Q  V  Y  R
E  M  A  R  J  V  R  W  W  O  J  Z  F  H
R  Y  Z  U  O  N  I  G  R  A  C  J  Y  G
D  M  U  N  B  Z  F  O  F  R  U  Ĝ  A  R
A  O  R  A  N  Ĝ  O  P  L  V  H  I  N  I
F  P  O  G  G  M  G  M  A  A  S  L  B  Z
L  U  C  E  J  A  N  A  V  Y  L  D  L  A
A  R  C  B  K  D  O  X  A  C  S  O  A  Z
V  P  Q  H  S  P  L  I  A  S  H  I  N  N
G  U  D  Q  S  K  N  T  X  Z  R  C  K  H
R  R  H  I  E  I  L  V  F  R  R  J  A  I
I  A  Y  N  P  Y  O  X  K  I  L  T  A  N
Z  G  B  X  I  R  P  C  D  G  S  O  M  K
A  Z  M  R  O  Q  H  T  U  T  L  F  E  G
```

LAZURO	ORANĜO
FLAVGRIZA	ROZO
BLUA	RUĜA
BRUNA	NIGRA
FUCHSIO	SEPIO
FLAVA	VIOLA
GRIZA	BLANKA
VERDA	CEJANA
PURPURA	

90 - Haus

```
G B A L A O Y Q P X Z Y I L
Z A D B I B L I O T E K O A
B R R U Q F A J R O Z U D M
J I Y A Ŝ A O O D I T I R P
W L J N Ĝ O P Z O O Y R O O
D O O O D O M E B L O E M X
D N D N S Ĉ A M B R O J O L
R N A X E P L A F O N O Ĉ J
X C E K A M E N T U B O A L
E T M H K N A G M T E E M T
T E G M E N T O U S W M B P
M U R O X M Y L M L V P R D
H W I E Ĝ A R D E N O B O A
M N P L S F E N E S T R O C
```

BALAO
BIBLIOTEKO
TEGMENTO
PLAFONO
DUŜO
FENESTRO
GARAĜO
ĜARDENO
FAJRO
KUIREJO

LAMPO
MEBLO
DROMOĈAMBRO
KAMENTUBO
SPEGULO
PORDO
MURO
BARILO
ĈAMBRO

91 - Bauernhof #1

```
Q  Y  Ĉ  G  D  G  H  A  L  B  X  K  J  O
V  M  E  I  R  D  E  Z  C  E  X  Q  O  X
F  G  V  R  Y  D  P  E  C  P  J  Y  S  Y
O  K  A  M  P  O  O  N  E  Y  P  Z  M  G
J  B  L  B  I  U  R  O  B  O  V  I  N  O
N  O  O  M  E  D  K  O  M  A  P  Z  J  H
O  V  Q  R  B  L  O  L  I  K  R  Y  V  A
H  I  A  I  P  H  O  S  E  V  E  I  W  C
U  D  R  Z  O  F  L  K  L  O  P  O  L  E
N  O  E  O  Y  F  Z  A  O  F  K  M  K  O
D  S  T  E  R  K  O  T  E  R  O  F  A  W
O  F  T  S  D  J  O  O  H  X  V  A  P  F
Y  E  O  K  O  K  I  D  O  B  T  O  R  E
A  G  R  I  K  U  L  T  U  R  O  B  O  X
```

ABELO	KORVO
STERKO	BOVINO
AZENO	TERO
KAMPO	AGRIKULTURO
FOJNO	ĈEVALO
MIELO	RIZO
KOKIDO	PORKO
HUNDO	AKVO
BOVIDO	BARILO
KATO	KAPRO

92 - Berufe #1

```
V M U Z I K I S T O O T K P
F A A D V O K A T O D A A I
G O R B A N K I S T O J R A
E F A T K Q Z I J L K L T N
O X R R I B O E H Z T O O I
L A M B A S A D O R O R G S
O A Ĉ H Q K T Q M Q R O R T
G R A O H X Z I Q Y O B A O
O T S A D C L Z N U B Q F A
D I I P S I K O L O G O O E
Q S S E D A N C I S T O V C
C T T K A S T R O N O M O F
Q O O T J U V E L I S T O R
V E T E R I N A R O S Y C F
```

DOKTORO
ASTRONOMO
BANKISTO
AMBASADORO
GEOLOGO
ĈASISTO
JUVELISTO
KARTOGRAFO
VARTISTINO

ARTISTO
MUZIKISTO
PIANISTO
PSIKOLOGO
ADVOKATO
TAJLORO
DANCISTO
VETERINARO

93 - Adjektive #1

```
H  J  D  W  M  A  L  R  A  P  I  D  A  S
M  O  D  E  R  N  A  Z  B  R  S  M  V  F
Z  Z  N  P  E  Z  A  B  S  O  T  P  A  E
D  I  D  E  N  T  A  E  O  F  X  A  L  L
V  Y  A  R  S  F  Q  L  L  U  M  M  O  I
Y  V  K  F  E  T  Q  A  U  N  A  A  R  Ĉ
Y  M  T  E  N  L  O  R  T  D  L  L  A  A
P  X  I  K  K  D  W  O  A  E  L  D  L  W
A  E  V  T  U  B  V  M  N  X  U  I  P  L
Z  L  A  A  L  E  V  A  N  L  M  K  C  T
A  Z  L  D  P  R  Q  J  N  N  A  A  T  R
V  C  J  O  A  Y  X  B  K  D  X  T  R  P
K  U  A  A  G  R  A  V  A  P  O  B  B  B
H  D  L  N  P  A  G  R  A  N  D  E  G  A
```

ABSOLUTA	MALRAPIDA
AKTIVA	MODERNA
AROMAJ	PERFEKTA
ALLOGA	GRANDEGA
MALLUMA	BELA
MALDIKA	PEZA
HONESTO	PROFUNDE
FELIĈA	SENKULPA
IDENTA	VALORA
ARTA	GRAVA

94 - Mathematik

```
E K V A D R A T O P V J R R
K H Z U A R I T M E T I K O
S C I R K O N F E R E N C O
P E I N J S H T H P C J P F
O V K N Z U O R P E G T A L
N O P V X M A W O N E R R D
E L Y O A O O H B D O I A I
N U O H L C D E C I M A L A
T M F D I I I Q R K E N E M
O O Y T J R G O I U T G L E
S I M E T R I O C L R U O T
F R A K C I O Y N A I L F R
R A D I U S O X I O O O H O
R E C T A N G U L O D Z M N
```

ARITMETIKO
FRAKCIO
DECIMALA
TRIANGULO
DIAMETRO
EKSPONENTO
GEOMETRIO
EKVACIO
PARALELO

POLIGONO
KVADRATO
RADIUSO
RECTANGULO
PERPENDIKULA
SUMO
SIMETRIO
CIRKONFERENCO
VOLUMO

95 - Messungen

```
V N P K M G Q K G A L T O G
K O M E A U U M R L A R Ĝ O
X U L N S H B K A C R R D K
S Z M U O Y A I M E T R O I
C O L O M L J L O N G O P L
L I T R O O T O M T Q K E O
G R A D O F O M D I E F Z G
B M M N L Y I E E M N D O R
R Z V A T K I T C E O U K A
L N Y Q F U R R I T W Q T M
H F I V A A N O M R A I H O
Y M W U N C O O A O Q T C J
P R O F U N D O L V M A G V
G S N L F N B L A C A C R R
```

LARĜO
BAJTO
DECIMALA
PEZO
GRADO
GRAMO
ALTO
KILOGRAMO
KILOMETRO
LONGO

LITRO
MASO
METRO
MINUTO
PROFUNDO
TUNO
UNCO
VOLUMO
CENTIMETRO
COLO

96 - Schlösser

```
B K A V A L I R O S E C I O
Ĉ I R K A Ŭ F O S A Ĵ O M P
B R E K Y P Y F R H B M P A
E A G O D F E Ŭ D A J G E L
C S N V I G X V I D P L R A
X O O V N O B L A U R Q I C
I K A T A P U L T O I A O O
M J F U S R F H X R N H K O
H Ĉ V R T I O U Q S C R E O
U B E O I N R Ŝ T P I F H X
G L A V O C T E I O N T X A
T L X X A O E R L L O B I Q
K R O N O L C O Y P D B R C
X T B M U R O S I S W O C I
```

DRAKO	ĈEVALO
DINASTIO	PRINCO
NOBLA	PRINCINO
FORTECO	IMPERIO
FEŬDA	KAVALIRO
ĈIRKAŬFOSAĴO	KIRASO
KATAPULTO	ŜILDO
REGNO	GLAVO
KRONO	TURO
PALACO	MURO

97 - Bauernhof #2

```
U Q B L L L B E S T O J R T
I Q H E R B E J O K A U N B
L A K T O G S G R E N E J O
V L Y W S Y O O J A R T G
N I X S Q G U L L M S T Y U
F R U K T O L D A Z O R I S
A I A U Ŝ A F O M G S I U L
V G G L O A M M O P J T L V
L A I T G N F A C V J I Z Z
C D O U T S S I T W T K B O
F O C R I E Z Z D U A O Y C
L Z T O R R R O H O R D E O
M A N Ĝ O O L F T R K A E A
Z B D E O J T R A C T O R D
```

KULTURO
IRIGADO
ANASO
MANĜO
FRUKTO
ANSEROJ
LEGOMO
HORDEO
LAMO
ŜAFIDO

MAIZO
LAKTO
MATURA
ŜAFO
GRENEJO
BESTOJ
TRACTOR
TRITIKO
HERBEJO

98 - Berufe #2

```
K D E N T I S T O B I C I X
R U Z O O L O G O I N K L Q
S Z R C D S I V K B V V F E
C K B A T B B B J L E I A S
H E O M C R K Z P I N L V P
P E N T R I S T O O T U L L
X I F I N T S F O T I S T O
K I R U R G O T F E N T U R
B I O L O G O W O C T R P I
L I N G V I S T O A O I I S
D E T E K T I V O R T S L T
I O S Ĵ U R N A L I S T O O
F I L O Z O F O D O L O T Z
Z A S T R O N A Ŭ T O A O L
```

KURACISTO	ILUSTRISTO
ASTRONAŬTO	ĴURNALISTO
BIBLIOTECARIO	LINGVISTO
BIOLOGO	PENTRISTO
KIRURGO	FILOZOFO
DETEKTIVO	PILOTO
INVENTINTO	DENTISTO
ESPLORISTO	ZOOLOGO
FOTISTO	

99 - Erforschung

```
Z  D  A  Z  K  Z  T  F  Y  T  L  E  U  I
N  B  K  T  N  X  X  W  T  B  O  L  T  D
D  E  T  E  R  M  I  N  O  E  F  Ĉ  Y  L
O  L  I  N  G  V  O  J  K  S  P  E  O  X
L  Q  V  I  Q  D  K  U  L  T  U  R  O  J
G  N  E  K  O  N  A  T  A  O  D  P  V  T
M  O  C  W  G  H  F  N  S  J  O  I  G  E
D  H  O  C  S  N  K  U  Ĝ  G  A  Ĝ  E  R
I  I  V  O  J  A  Ĝ  O  S  E  H  O  A  E
H  K  U  R  A  Ĝ  O  J  O  P  R  D  J  N
E  L  K  O  V  O  R  N  V  L  A  A  T  O
L  E  K  S  C  I  T  O  A  J  G  C  R  Z
N  O  V  A  N  M  J  A  Ĝ  E  N  L  O  V
C  N  F  F  F  P  M  Q  A  M  E  K  L  O
```

AKTIVECO	KURAĜO
EKSCITO	NOVA
ELKOVO	SPACO
DETERMINO	VOJAĜO
ELĈERPIĜO	LINGVO
DANĜERA	BESTOJ
TERENO	NEKONATA
KULTUROJ	SOVAĜA

100 - Wetter

```
R  A  Ĉ  K  Y  N  E  B  U  L  O  O  Y  S
I  T  I  K  L  I  M  A  T  O  U  K  R  E
G  M  E  F  U  L  M  O  K  S  W  X  H  K
V  O  L  T  R  A  N  K  V  I  L  E  T  E
P  S  A  G  A  S  Q  S  U  H  P  P  E  C
W  F  R  A  G  G  I  E  Ŝ  T  O  R  M  O
M  E  K  E  A  H  L  K  Q  I  L  T  P  O
X  R  O  Q  N  Q  V  A  D  W  U  R  E  P
T  O  U  H  O  K  I  X  C  Ĉ  S  O  R  A
T  O  R  N  A  D  O  H  F  I  A  P  A  A
P  D  N  H  U  M  I  D  A  E  O  I  T  B
Z  S  U  D  F  Y  G  M  W  L  C  K  U  B
G  V  B  E  R  R  J  Z  X  O  Q  A  R  X
L  Z  O  L  K  O  V  E  N  T  O  N  O  I
```

ATMOSFERO	POLUSA
FULMO	ĈIELARKO
TONDRO	TRANKVILE
SEKECO	ŜTORMO
GLACIO	TEMPERATURO
HUMIDA	TORNADO
ĈIELO	SEKA
URAGANO	TROPIKA
KLIMATO	VENTO
NEBULO	NUBO

1 - Ozean

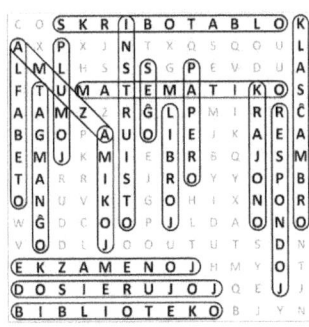

2 - Schule #1

3 - Meditation

4 - Meisterschaft

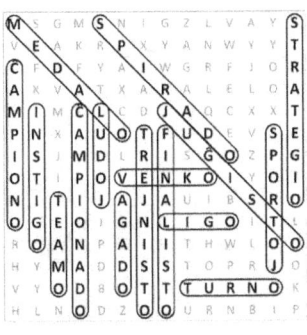

5 - Insekten

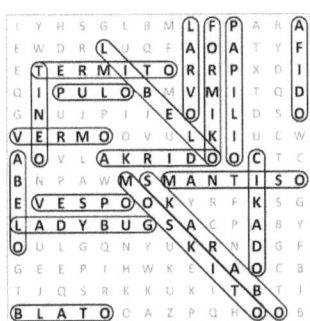

6 - Dinosaurier

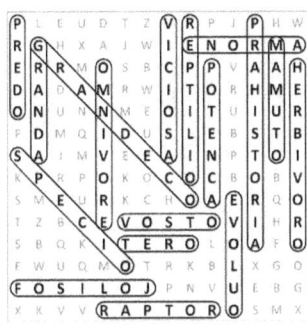

7 - Obst

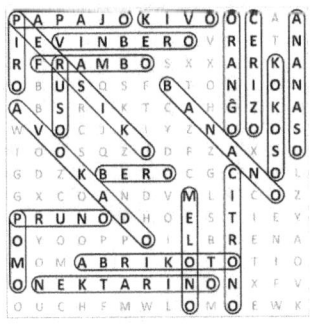

8 - Schule #2

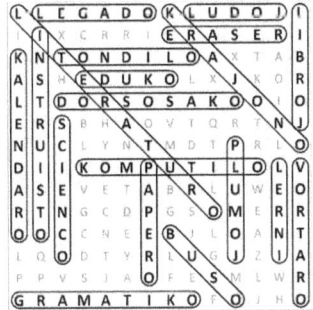

9 - Spielzeuge

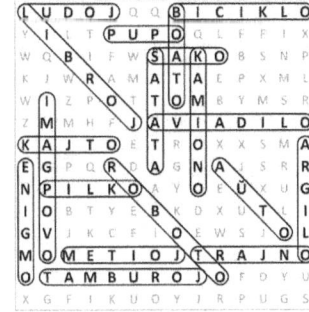

10 - Komödie

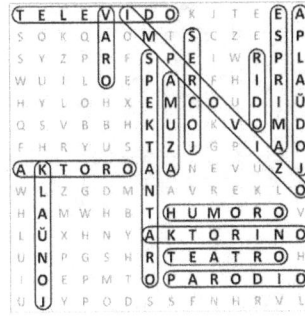

11 - Camping

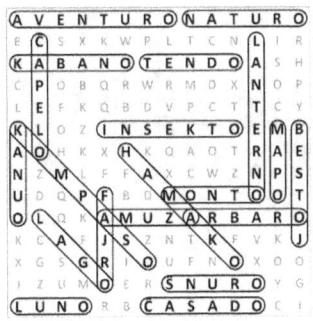

12 - Zeit

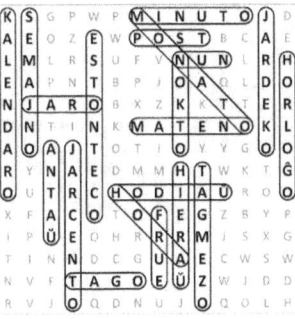

13 - Säugetiere

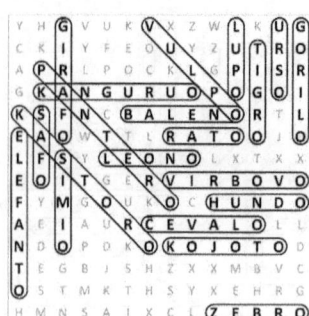

14 - Astronomie

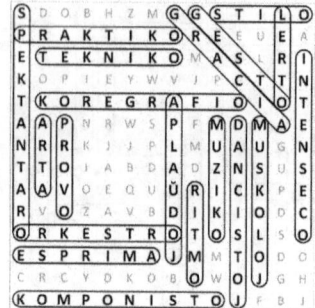

15 - Ballett

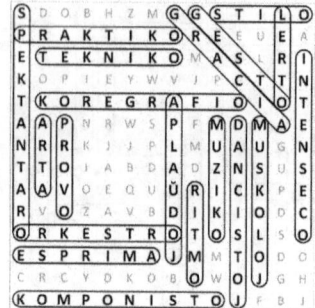

16 - Strand

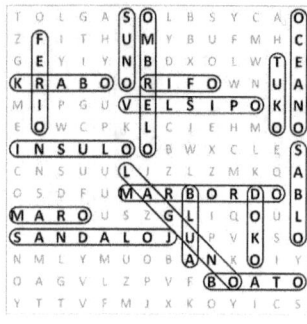

17 - Restaurant #1

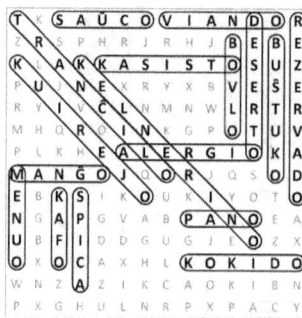

18 - Geologie

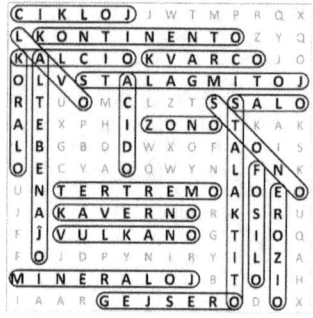

19 - Wissenschaft

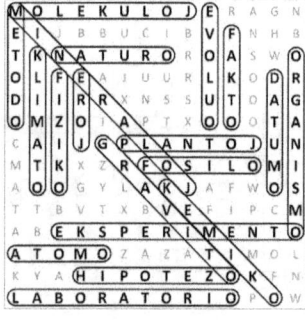

20 - Bildende Kunst

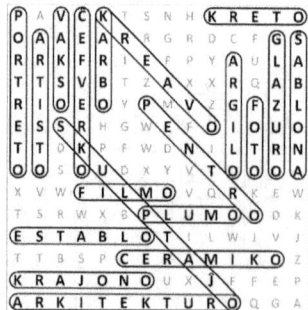

21 - Sport

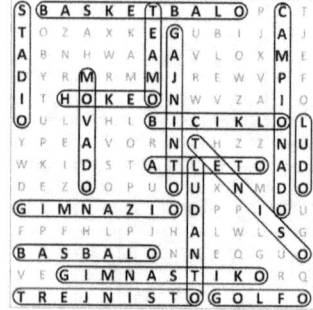

22 - Mythologie

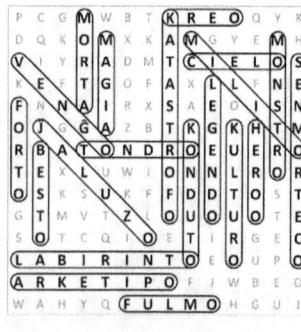

23 - Restaurant #2

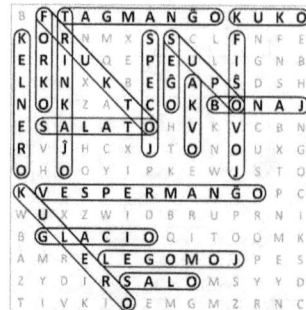

24 - Ökologie

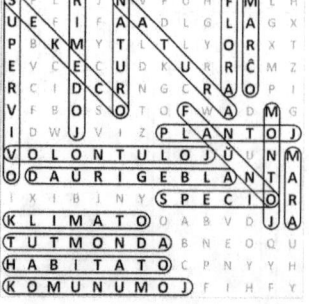

25 - Schokolade

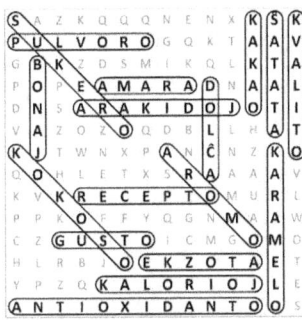

26 - Boote

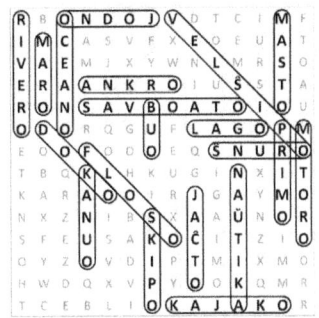

27 - Stadt

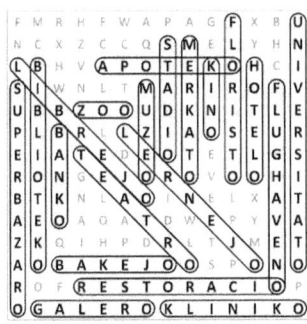

28 - Aktivitäten

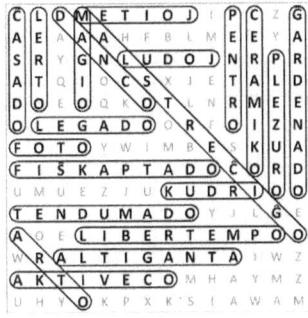

29 - Bienen

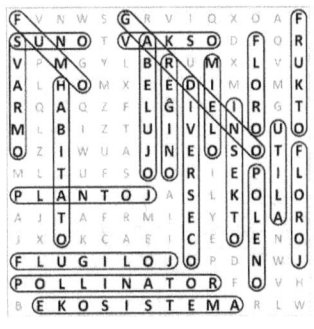

30 - Wissenschaftliche

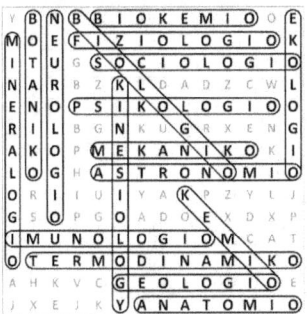

31 - Vögel

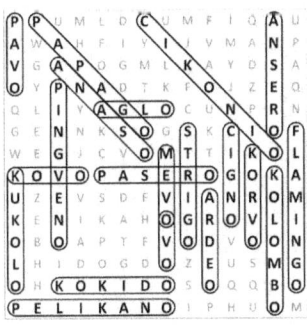

32 - Garten

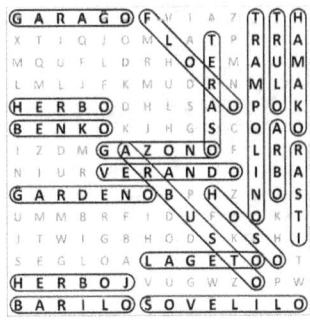

33 - Antarktis

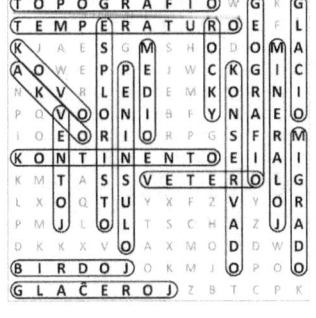

34 - Fahren

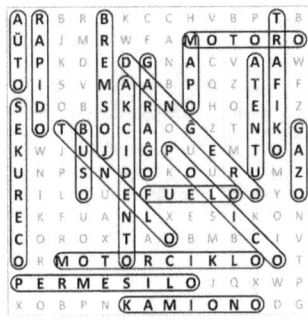

35 - Bücher

36 - Menschlicher Körper

37 - Klettern

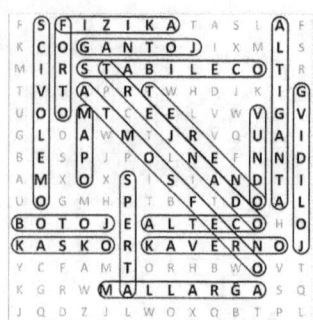

38 - Landschaften

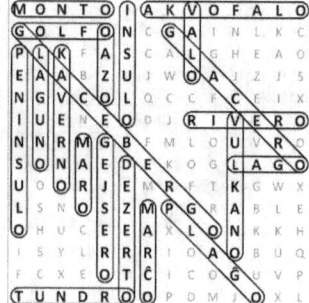

39 - Abenteuer

40 - Flugzeuge

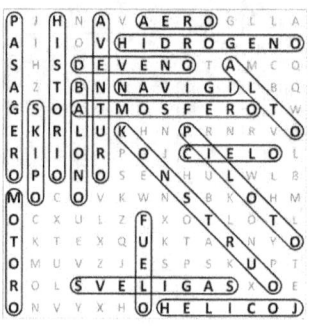

41 - Haartypen

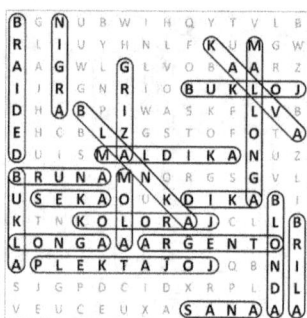

42 - Essen #1

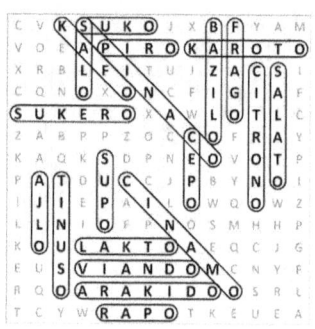

43 - Gebäude

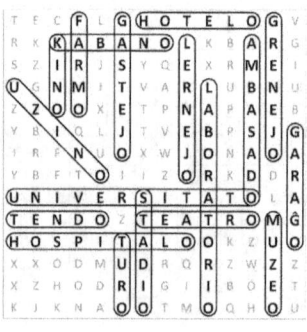

44 - Angeln

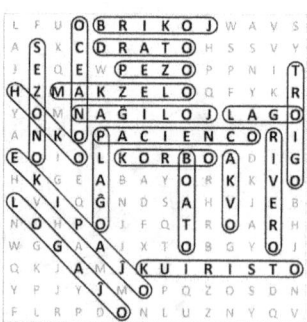

45 - Regenwald

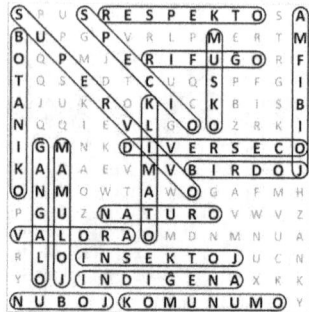

46 - Essen #2

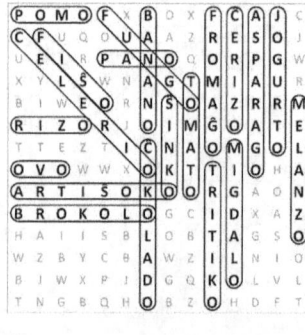

47 - Familie

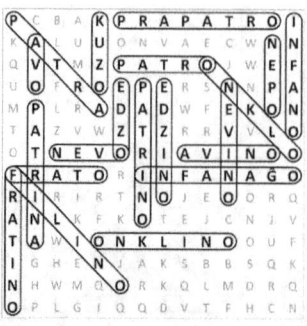

48 - Pflanzen

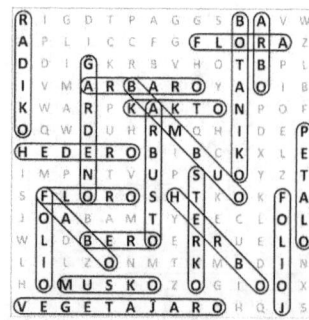

49 - Kunst

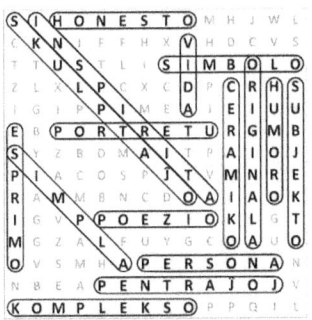

50 - Gewürze

51 - Gemüse

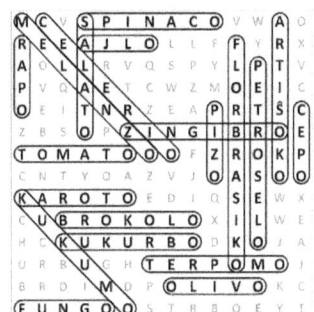

52 - Katzen

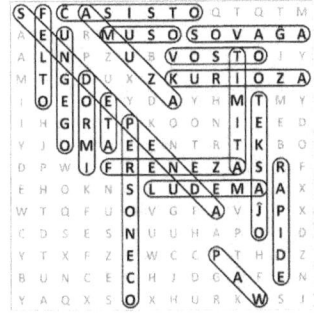

53 - Tanzen

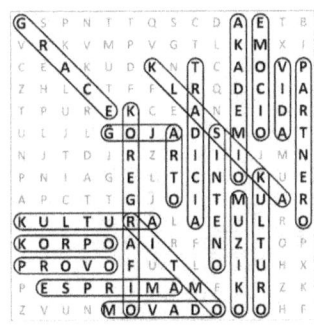

54 - Ernährung

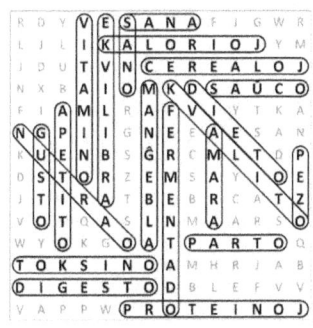

55 - Technologie

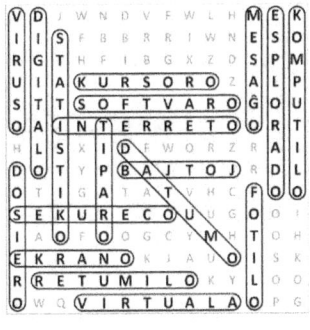

56 - Wasser

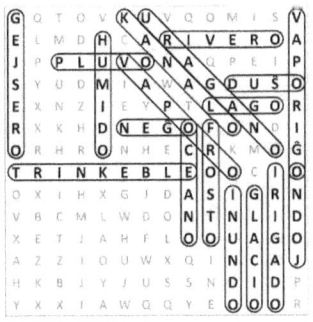

57 - Science Fiction

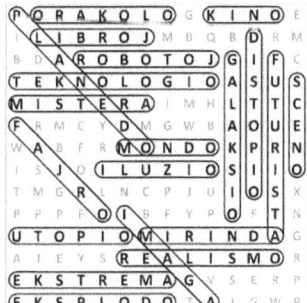

58 - Haustiere

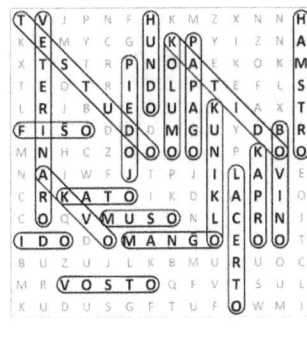

59 - Geburtstag

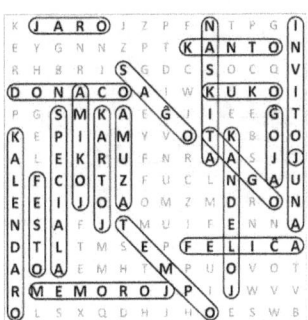

60 - Literatur

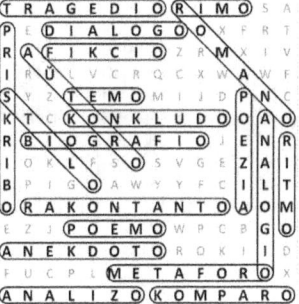

61 - Wandern

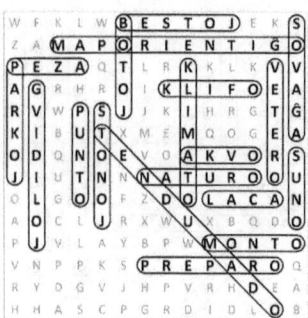

62 - Länder #2

63 - Fahrzeuge

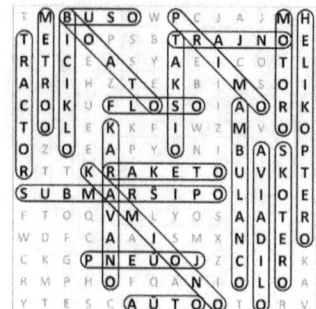

64 - Badezimmer

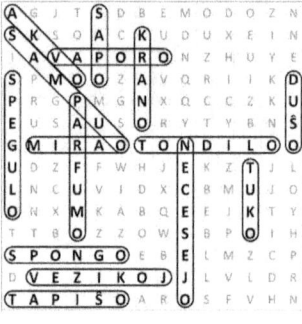

65 - Musikinstrumente

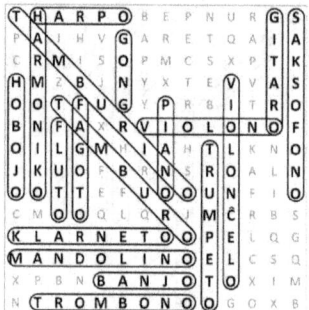

66 - Blumen

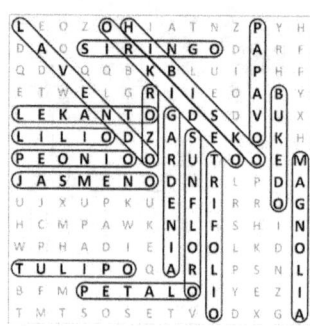

67 - Natur

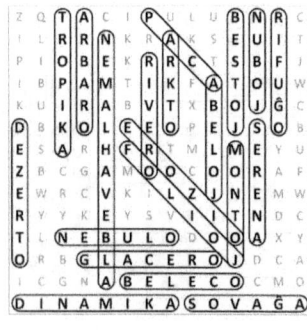

68 - Urlaub #2

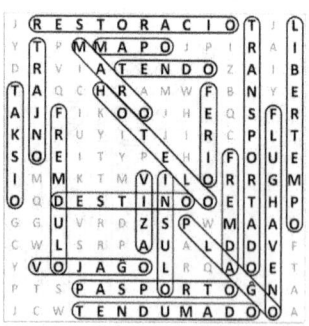

69 - Zirkus

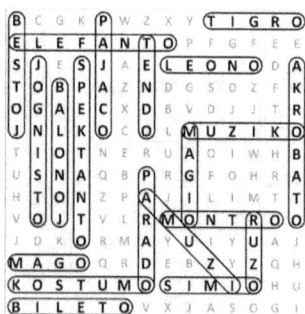

70 - Barbecues

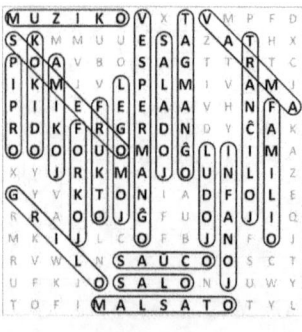

71 - Küche

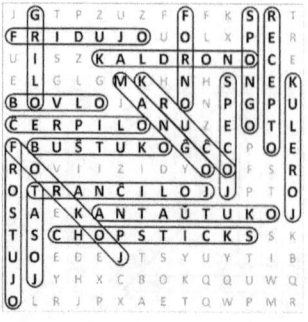

72 - Schach

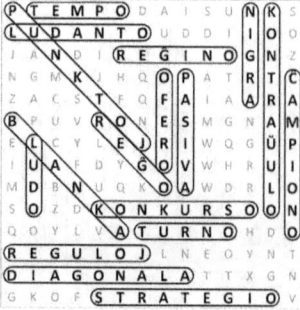

73 - Erhaltung

74 - Geographie

75 - Zahlen

76 - Urlaub #1

77 - Kunst Liefert

78 - Tage und Monate

79 - Piraten

80 - Surfen

81 - Möbel

82 - Kräuterkunde

83 - Tugenden #1

84 - Aktivitäten und Freizeit

85 - Formen

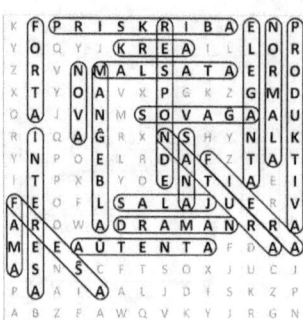

86 - Adjektive #2

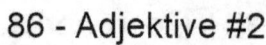

87 - Kleidung

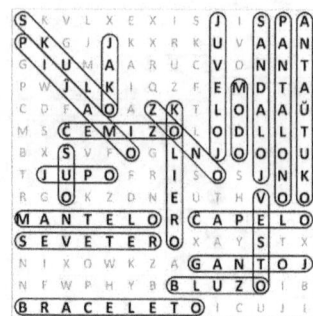

88 - Sommer

89 - Farben

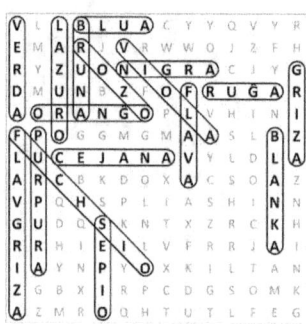

90 - Haus

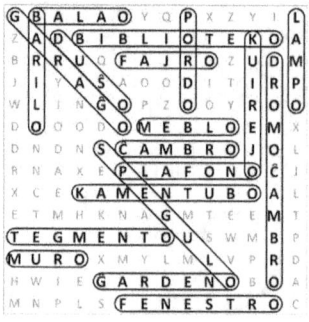

91 - Bauernhof #1

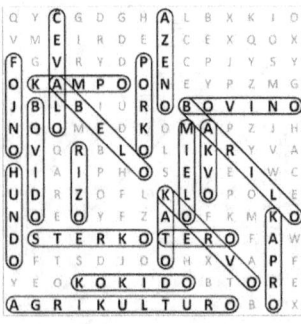

92 - Berufe #1

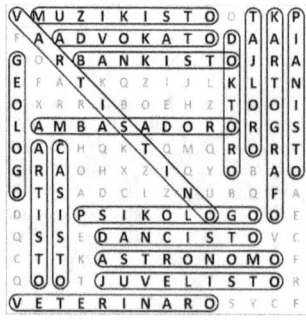

93 - Adjektive #1

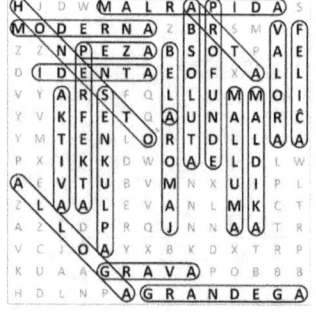

94 - Mathematik

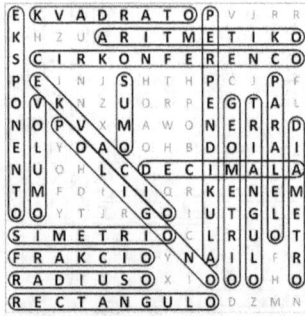

95 - Messungen

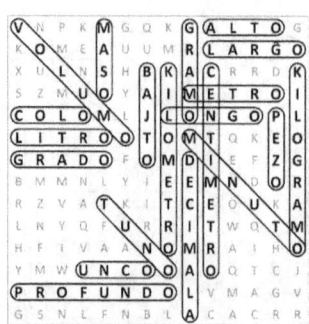

96 - Schlösser

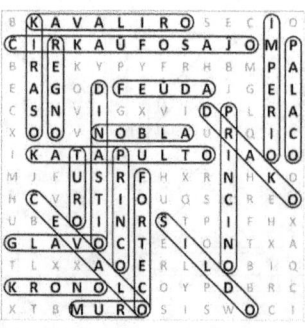

97 - Bauernhof #2

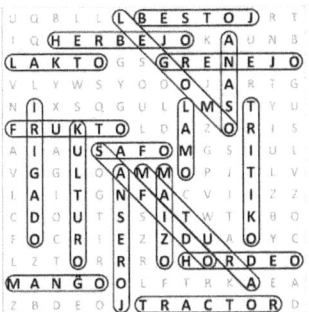

98 - Berufe #2

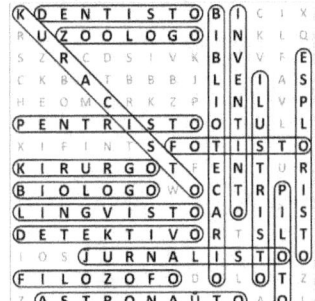

99 - Erforschung

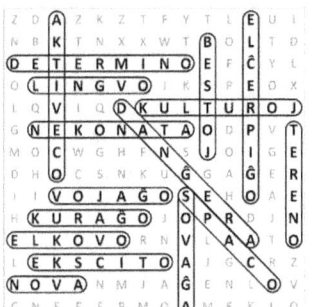

100 - Wetter

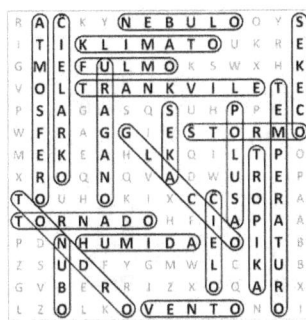

Wörterbuch

Abenteuer
Aventuro

Aktivität	Aktiveco
Ausflug	Ekskurso
Begeisterung	Entuziasmo
Chance	Ŝanco
Freude	Ĝojo
Freunde	Amikoj
Gefährlich	Danĝera
Natur	Naturo
Navigation	Navigado
Neu	Nova
Reisen	Vojaĝoj
Route	Itinero
Schönheit	Beleco
Schwierigkeit	Dificulto
Sicherheit	Sekureco
Tapferkeit	Bravo
Ungewöhnlich	Nekutima
Vorbereitung	Preparo
Ziel	Destino

Adjektive #1
Adjektivoj #1

Absolut	Absoluta
Aktiv	Aktiva
Aromatisch	Aromaj
Attraktiv	Alloga
Dunkel	Malluma
Dünn	Maldika
Ehrlich	Honesto
Glücklich	Feliĉa
Identisch	Identa
Künstlerisch	Arta
Langsam	Malrapida
Modern	Moderna
Perfekt	Perfekta
Riesig	Grandega
Schön	Bela
Schwer	Peza
Tief	Profunde
Unschuldig	Senkulpa
Wertvoll	Valora
Wichtig	Grava

Adjektive #2
Adjektivoj #2

Authentisch	Aŭtenta
Berühmt	Fama
Beschreibend	Priskriba
Dramatisch	Draman
Elegant	Eleganta
Essbar	Manĝebla
Frisch	Freŝa
Gesund	Sana
Hungrig	Malsata
Interessant	Interesa
Kreativ	Krea
Natürlich	Natura
Neu	Nova
Normal	Normala
Produktiv	Produktiva
Salzig	Salaj
Stark	Forta
Stolz	Fiera
Verantwortlich	Responde
Wild	Sovaĝa

Aktivitäten
Agadoj

Aktivität	Aktiveco
Angeln	Fiŝkaptado
Camping	Tendumado
Entspannung	Malstreĉiĝo
Fähigkeit	Lerto
Fotografie	Foto
Freizeit	Libertempo
Gartenarbeit	Ĝardenado
Gemälde	Pentro
Jagd	Ĉasado
Keramik	Ceramiko
Kunst	Arto
Kunsthandwerk	Metioj
Lesen	Legado
Magie	Magio
Nähen	Kudri
Spiele	Ludoj
Tanzen	Danco
Vergnügen	Plezuro
Wandern	Altiganta

Aktivitäten und Freizeit
Agadoj kaj Libertempo

Angeln	Fiŝkaptado
Baseball	Basbalo
Basketball	Basketbalo
Boxen	Boksado
Camping	Tendumado
Fussball	Futbalo
Gartenarbeit	Ĝardenado
Gemälde	Pentro
Golf	Golfo
Kunst	Arto
Reise	Vojaĝo
Schwimmen	Naĝado
Surfen	Surfing
Tauchen	Plonĝo
Tennis	Teniso
Volleyball	Voleibol
Wandern	Altiganta

Angeln
Fiŝkaptado

Ausrüstung	Ekipaĵo
Boot	Boato
Draht	Drato
Flossen	Naĝiloj
Fluss	Rivero
Geduld	Pacienco
Gewicht	Pezo
Haken	Hoko
Jahreszeit	Sezono
Kiefer	Makzelo
Kiemen	Brikoj
Kochen	Kuiristo
Korb	Korbo
Köder	Logaĵo
Ozean	Oceano
See	Lago
Strand	Plaĝo
Übertreibung	Troigo
Wasser	Akvo

Antarktis
Antarkto

Bucht	Kovo
Eis	Glacio
Erhaltung	Konservado
Expedition	Expedicio
Felsig	Rocky
Forscher	Esploristo
Geographie	Geografio
Gletscher	Glaĉeroj
Halbinsel	Peninsulo
Kontinent	Kontinento
Migration	Migrado
Mineralien	Mineraloj
Temperatur	Temperaturo
Topographie	Topografio
Umwelt	Medio
Vögel	Birdoj
Wasser	Akvo
Wetter	Vetero
Wind	Ventoj
Wissenschaftlich	Scienca

Astronomie
Astronomio

Asteroid	Asteroido
Astronaut	Astronaŭto
Astronom	Astronomo
Erde	Tero
Himmel	Ĉielo
Komet	Kometo
Konstellation	Konstelacio
Kosmos	Kosmo
Meteor	Meteoro
Mond	Luno
Nebel	Nebula
Observatorium	Observatorio
Planet	Planedo
Rakete	Raketo
Satellit	Satelito
Stern	Stelo
Supernova	Supernovao
Teleskop	Teleskopo
Tierkreis	Zodiako
Universum	Universo

Badezimmer
Banĉambro

Blasen	Vezikoj
Dampf	Vaporo
Dusche	Duŝo
Handtuch	Tuko
Lotion	# ? Mira? O
Parfüm	Parfumo
Schere	Tondilo
Schwamm	Spongo
Seife	Sapo
Shampoo	Ŝampuo
Spiegel	Spegulo
Teppich	Tapiŝo
Toilette	Necesejo
Wasser	Akvo
Wasserhahn	Krano

Ballett
Baleto

Anmutig	Gracia
Applaus	Aplaŭdoj
Ausdrucksvoll	Esprima
Choreographie	Koregrafio
Fähigkeit	Lerto
Geste	Gesto
Intensität	Intenseco
Komponist	Komponisto
Künstlerisch	Arta
Musik	Muziko
Muskel	Muskoloj
Orchester	Orkestro
Praxis	Praktiko
Probe	Provo
Publikum	Spektantaro
Rhythmus	Ritmo
Stil	Stilo
Tänzer	Dancistoj
Technik	Tekniko

Barbecues
Rostokradoj

Abendessen	Vespermanĝo
Familie	Familio
Freunde	Amikoj
Frucht	Frukto
Gabeln	Forkoj
Gemüse	Legomoj
Grill	Grilo
Heiss	Varma
Huhn	Kokido
Hunger	Malsato
Kinder	Infanoj
Messer	Tranĉiloj
Mittagessen	Tagmanĝo
Musik	Muziko
Pfeffer	Pipro
Salate	Saladoj
Salz	Salo
Sommer	Somero
Sosse	Saŭco
Spiele	Ludoj

Bauernhof #1
Bieno #1

Biene	Abelo
Dünger	Sterko
Esel	Azeno
Feld	Kampo
Heu	Fojno
Honig	Mielo
Huhn	Kokido
Hund	Hundo
Kalb	Bovido
Katze	Kato
Krähe	Korvo
Kuh	Bovino
Land	Tero
Landwirtschaft	Agrikulturo
Pferd	Ĉevalo
Reis	Rizo
Schwein	Porko
Wasser	Akvo
Zaun	Barilo
Ziege	Kapro

Bauernhof #2
Bieno #2

Bauer	Kulturo
Bewässerung	Irigado
Ente	Anaso
Essen	Manĝo
Frucht	Frukto
Gänse	Anseroj
Gemüse	Legomo
Gerste	Hordeo
Lama	Lamo
Lamm	Ŝafido
Mais	Maizo
Milch	Lakto
Reif	Matura
Schaf	Ŝafo
Scheune	Grenejo
Tiere	Bestoj
Traktor	Tractor
Weizen	Tritiko
Wiese	Herbejo

Berufe #1
Profesioj #1

Arzt	Doktoro
Astronom	Astronomo
Bankier	Bankisto
Botschafter	Ambasadoro
Buchhalter	Librotenisto
Geologe	Geologo
Jäger	Ĉasisto
Juwelier	Juvelisto
Kartograph	Kartografo
Klempner	Plumbisto
Krankenschwester	Vartistino
Künstler	Artisto
Musiker	Muzikisto
Pianist	Pianisto
Psychologe	Psikologo
Rechtsanwalt	Advokato
Schneider	Tajloro
Tänzer	Dancisto
Tierarzt	Veterinaro
Trainer	Trejnisto

Berufe #2
Profesioj #2

Arzt	Kuracisto
Astronaut	Astronaŭto
Bibliothekar	Bibliotecario
Biologe	Biologo
Chirurg	Kirurgo
Detektiv	Detektivo
Erfinder	Inventinto
Forscher	Esploristo
Fotograf	Fotisto
Gärtner	Ĝardenisto
Illustrator	Ilustristo
Ingenieur	Inĝeniero
Journalist	Ĵurnalisto
Lehrer	Instruisto
Linguist	Lingvisto
Maler	Pentristo
Philosoph	Filozofo
Pilot	Piloto
Zahnarzt	Dentisto
Zoologe	Zoologo

Bienen
Abeloj

Bestäuber	Pollinator
Bienenkorb	Abelujo
Blumen	Floroj
Blüte	Floro
Flügel	Flugiloj
Frucht	Frukto
Garten	Ĝardeno
Honig	Mielo
Insekt	Insekto
Königin	Reĝino
Lebensraum	Habitato
Ökosystem	Ekosistema
Pflanzen	Plantoj
Pollen	Poleno
Rauch	Fumo
Schwarm	Svarmo
Sonne	Suno
Vielfalt	Diverseco
Vorteilhaft	Utila
Wachs	Vakso

Bildende Kunst
Vidaj Artoj

Architektur	Arkitekturo
Bleistift	Krajono
Film	Filmo
Foto	Foto
Gemälde	Pentro
Holzkohle	Karbo
Keramik	Ceramiko
Kreativität	Kreavo
Kreide	Kreto
Künstler	Artisto
Lack	Glazuro
Meisterwerk	Ĉefverko
Perspektive	Perspektivo
Porträt	Portreto
Schablone	Ŝablona
Skulptur	Skulptaĵo
Staffelei	Establo
Stift	Plumo
Ton	Argilo
Wachs	Vakso

Blumen
Floroj

Blütenblatt	Petalo
Gardenie	Gardenia
Gänseblümchen	Lekanto
Hibiskus	Hibisko
Jasmin	Jasmeno
Klee	Trifolio
Lavendel	Lavendo
Lila	Siringo
Lilie	Lilio
Magnolie	Magnolia
Mohn	Papavo
Orchidee	Orkideo
Pfingstrose	Peonio
Rose	Rozo
Sonnenblume	Sunfloro
Strauss	Bukedo
Tulpe	Tulipo

Boote
Boatoj

Anker	Ankro
Boje	Buo
Crew	Skipo
Dock	Doko
Fähre	Primo
Floss	Floso
Fluss	Rivero
Kajak	Kajako
Kanu	Kanuo
Mast	Masto
Meer	Maro
Motor	Motoro
Nautisch	Naŭtika
Ozean	Oceano
Rettungsboot	Savboato
See	Lago
Segelboot	Velŝipo
Seil	Ŝnuro
Wellen	Ondoj
Yacht	Jaĉto

Bücher
Libroj

Abenteuer	Aventuro
Autor	Aŭtoro
Dualität	Dueco
Episch	Epopea
Erfinderisch	Inventa
Erzähler	Rakontanto
Gedicht	Poemo
Geschichte	Rakonto
Geschrieben	Skriba
Historisch	Historia
Humorvoll	Humura
Kollektion	Kolekto
Kontext	Kunteksto
Leser	Leganto
Literarisch	Literatura
Poesie	Poezio
Roman	Romano
Seite	Paĝo
Serie	Serio
Tragisch	Tragika

Camping
Tendumado

Abenteuer	Aventuro
Berg	Monto
Feuer	Fajro
Hängematte	Hamako
Hut	Ĉapelo
Insekt	Insekto
Jagd	Ĉasado
Kabine	Kabano
Kanu	Kanuo
Karte	Mapo
Kompass	Kompaso
Laterne	Lanterno
Mond	Luno
Natur	Naturo
See	Lago
Seil	Ŝnuro
Spass	Amuza
Tiere	Bestoj
Wald	Arbaro
Zelt	Tendo

Dinosaurier
Dinosaŭroj

Allesfresser	Omnivore
Art	Specio
Beute	Predo
Bösartig	Viciosa
Enorm	Enorma
Erde	Tero
Evolution	Evoluo
Flügel	Flugiloj
Fossilien	Fosiloj
Gross	Granda
Grösse	Grandeco
Leistungsstark	Potenca
Mammut	Mamuto
Pflanzenfresser	Herbivoro
Prähistorisch	Prahistoria
Raubvogel	Raptor
Reptil	Reptilio
Schwanz	Vosto
Verschwinden	Malapero

Erforschung
Esplorado

Aktivität	Aktiveco
Aufregung	Ekscito
Entdeckung	Elkovo
Entschlossenheit	Determino
Erschöpfung	Elĉerpiĝo
Gefährlich	Danĝera
Gelände	Tereno
Kulturen	Kulturoj
Mut	Kuraĝo
Neu	Nova
Raum	Spaco
Reise	Vojaĝo
Sprache	Lingvo
Tiere	Bestoj
Unbekannt	Nekonata
Wild	Sovaĝa

Erhaltung
Konservado

Bildung	Eduko
Freiwillige	Volontulo
Gesundheit	Sano
Grün	Verda
Klima	Klimato
Lebensraum	Habitato
Nachhaltig	Daŭrigebla
Natürlich	Natura
Organisch	Organika
Ökosystem	Ekosistema
Pestizid	Pesticido
Reduzieren	Redukti
Umwelt	Media
Verschmutzung	Poluo
Wasser	Akvo
Zyklus	Ciklo

Ernährung
Nutrado

Appetit	Apetito
Ausgewogen	Ekvilibra
Bitter	Amara
Diät	Dieto
Essbar	Manĝebla
Fermentation	Fermentado
Geschmack	Gusto
Gesund	Sana
Gesundheit	Sano
Getreide	Cerealoj
Gewicht	Pezo
Kalorien	Kalorioj
Nährstoff	# Nutra? O
Portion	Parto
Proteine	Proteinoj
Qualität	Kvalito
Sosse	Saŭco
Toxin	Toksino
Verdauung	Digesto
Vitamin	Vitamino

Essen #1
Manĝaĵo Numero 1

Basilikum	Bazilo
Birne	Piro
Erdbeere	Frago
Erdnuss	Arakido
Fleisch	Viando
Kaffee	Kafo
Karotte	Karoto
Knoblauch	Ajlo
Milch	Lakto
Rübe	Rapo
Saft	Suko
Salat	Salato
Salz	Salo
Spinat	Spinaco
Suppe	Supo
Thunfisch	Tinuso
Zimt	Cinamo
Zitrone	Citrono
Zucker	Sukero
Zwiebel	Cepo

Essen #2
Manĝaĵo #2

Apfel	Pomo
Artischocke	Artiŝoko
Aubergine	Melanzo
Banane	Banano
Brokkoli	Brokolo
Brot	Pano
Ei	Ovo
Fisch	Fiŝo
Joghurt	Jogurto
Käse	Fromaĝo
Kirsche	Ĉerizo
Mandel	Migdalo
Pilz	Fungo
Reis	Rizo
Schinken	Ŝinko
Schokolade	Ĉokolado
Sellerie	Celerio
Spargel	Asparago
Tomate	Tomato
Weizen	Tritiko

Fahren
Veturado

Auto	Aŭto
Bremsen	Bremsoj
Brennstoff	Fuelo
Bus	Buso
Garage	Garaĝo
Gas	Gazo
Gefahr	Danĝero
Geschwindigkeit	Rapido
Karte	Mapo
Lizenz	Permesilo
Lkw	Kamiono
Motor	Motoro
Motorrad	Motorciklo
Polizei	Polico
Sicherheit	Sekureco
Transport	Transportado
Tunnel	Tunelo
Unfall	Akcidento
Verkehr	Trafiko
Vorsicht	Atentu

Fahrzeuge
Veturiloj

Auto	Aŭto
Boot	Boato
Bus	Buso
Fahrrad	Biciklo
Fähre	Primo
Floss	Floso
Flugzeug	Aviadilo
Hubschrauber	Helikoptero
Krankenwagen	Ambulanco
Lkw	Kamiono
Motor	Motoro
Rakete	Raketo
Reifen	Pneŭoj
Roller	Skotero
Taxi	Taksio
Traktor	Tractor
U-Bahn	Metroo
U-Boot	Submarŝipo
Wohnwagen	Karavano
Zug	Trajno

Familie
Familio

Bruder	Frato
Ehefrau	Edzino
Ehemann	Edzo
Enkel	Nepo
Grossmutter	Avino
Grossvater	Avo
Kind	Infano
Kindheit	Infanaĝo
Mutter	Patrino
Mütterlich	Patrina
Neffe	Nevo
Nichte	Nevino
Onkel	Onklo
Schwester	Fratino
Tante	Onklino
Tochter	Filino
Vater	Patro
Väterlich	Patra
Vetter	Kuzo
Vorfahr	Prapatro

Farben
Koloroj

Azurblau	Lazuro
Beige	Flavgriza
Blau	Blua
Braun	Bruna
Fuchsie	Fuchsio
Gelb	Flava
Grau	Griza
Grün	Verda
Lila	Purpura
Orange	Oranĝo
Rosa	Rozo
Rot	Ruĝa
Schwarz	Nigra
Sepia	Sepio
Violett	Viola
Weiss	Blanka
Zyan	Cejana

Flugzeuge
Aviadiloj

Abenteuer	Aventuro
Abstieg	Deveno
Atmosphäre	Atmosfero
Aufblasen	Ŝveligas
Ballon	Balono
Brennstoff	Fuelo
Crew	Skipo
Geschichte	Historio
Himmel	Ĉielo
Höhe	Alto
Konstruktion	Konstruo
Luft	Aero
Motor	Motoro
Navigieren	Navigi
Passagier	Pasaĝero
Pilot	Piloto
Propeller	Helicoj
Turbulenz	Turbuleco
Wasserstoff	Hidrogeno
Wetter	Vetero

Formen
Formoj

Bogen	Arko
Dreieck	Triangulo
Ecke	Angulo
Ellipse	Elipso
Hyperbel	Hiperbolo
Kanten	Randoj
Kegel	Konuso
Kreis	Cirklo
Kurve	Kurbo
Linie	Linio
Oval	Ovala
Polygon	Poligono
Prisma	Prismo
Pyramide	Piramido
Quadrat	Kvadrato
Rechteck	Rectangulo
Rund	Ronda
Seite	Flanko
Würfel	Kubo
Zylinder	Cilindro

Garten
Ĝardeno

Bank	Benko
Baum	Arbo
Blume	Floro
Boden	Trulo
Busch	Arbusto
Garage	Garaĝo
Garten	Ĝardeno
Gras	Herbo
Hängematte	Hamako
Rasen	Gazono
Rechen	Rasti
Schaufel	Ŝovelilo
Schlauch	Hoso
Teich	Lageto
Terrasse	Teraso
Trampolin	Trampolino
Unkraut	Herboj
Veranda	Verando
Zaun	Barilo

Gebäude
Konstruaĵoj

Bauernhof	Farmo
Botschaft	Ambasado
Fabrik	Uzino
Garage	Garaĝo
Herberge	Gastejo
Hotel	Hotelo
Kabine	Kabano
Kino	Kino
Krankenhaus	Hospitalo
Labor	Laboratorio
Museum	Muzeo
Observatorium	Observatorio
Scheune	Grenejo
Schule	Lernejo
Stadion	Stadio
Supermarkt	Superbazaro
Theater	Teatro
Turm	Turo
Universität	Universitato
Zelt	Tendo

Geburtstag
Naskiĝtago

Einladungen	Invitoj
Erinnerungen	Memoroj
Feier	Festo
Freudig	Ĝoja
Freunde	Amikoj
Geboren	Naskita
Geschenk	Donaco
Glücklich	Feliĉa
Jahr	Jaro
Jung	Juna
Kalender	Kalendaro
Karten	Kartoj
Kerzen	Kandeloj
Kuchen	Kuko
Lied	Kanto
Spass	Amuza
Spezial	Speciala
Tag	Tago
Weisheit	Saĝo
Zeit	Tempo

Gemüse
Legomoj

Artischocke	Artiŝoko
Aubergine	Melanzo
Blumenkohl	Florbrasiko
Brokkoli	Brokolo
Erbse	Pizo
Gurke	Kukumo
Ingwer	Zingibro
Karotte	Karoto
Kartoffel	Terpomo
Knoblauch	Ajlo
Kürbis	Kukurbo
Olive	Olivo
Petersilie	Petroselo
Pilz	Fungo
Rübe	Rapo
Salat	Salato
Sellerie	Celerio
Spinat	Spinaco
Tomate	Tomato
Zwiebel	Cepo

Geographie
Geografio

Atlas	Atlaso
Äquator	Ekvatoro
Berg	Monto
Breite	Latitudo
Fluss	Rivero
Gebiet	Teritorio
Hemisphäre	Hemisfero
Höhe	Alteco
Insel	Insulo
Karte	Mapo
Kontinent	Kontinento
Land	Lando
Meer	Maro
Meridian	Meridiano
Norden	Nordo
Ozean	Oceano
Region	Regiono
Stadt	Urbo
Welt	Mondo
West	Okcidento

Geologie
Geologio

Erdbeben	Tertremo
Erosion	Erozio
Fossil	Fosilo
Geysir	Gejsero
Höhle	Kaverno
Kalzium	Kalcio
Kontinent	Kontinento
Koralle	Koralo
Lava	Lavo
Mineralien	Mineraloj
Plateau	Altebenaĵo
Quarz	Kvarco
Salz	Salo
Säure	Acido
Stalagmiten	Stalagmitoj
Stalaktit	Stalaktito
Stein	Ŝtono
Vulkan	Vulkano
Zone	Zono
Zyklen	Cikloj

Gewürze
Spicoj

Anis	Anizo
Bitter	Amara
Curry	Curry
Fenchel	Fenkolo
Geschmack	Gusto
Ingwer	Zingibro
Kardamom	Cardamom
Knoblauch	Ajlo
Koriander	Koriandro
Kreuzkümmel	Kumino
Lakritze	Glikorico
Muskatnuss	Nutmeg
Pfeffer	Pipro
Safran	Safrano
Salz	Salo
Sauer	Acida
Süss	Dolĉa
Vanille	Vanilo
Zimt	Cinamo
Zwiebel	Cepo

Haartypen
Haraj Tipoj

Blond	Blonda
Braun	Bruna
Dick	Dika
Dünn	Maldika
Farbig	Koloraj
Geflochten	Braided
Gesund	Sana
Glänzend	Brila
Grau	Griza
Kahl	Kalva
Kurz	Mallonga
Lang	Longa
Locken	Bukloj
Lockig	Bukla
Schwarz	Nigra
Silber	Arĝento
Trocken	Seka
Weich	Mola
Weiss	Blanka
Zöpfe	Plektaĵoj

Haus
Domo

Besen	Balao
Bibliothek	Biblioteko
Dach	Tegmento
Dachboden	Subtegmento
Decke	Plafono
Dusche	Duŝo
Fenster	Fenestro
Garage	Garaĝo
Garten	Ĝardeno
Kamin	Fajro
Küche	Kuirejo
Lampe	Lampo
Möbel	Meblo
Schlafzimmer	Dromoĉambro
Schornstein	Kamentubo
Spiegel	Spegulo
Tür	Pordo
Wand	Muro
Zaun	Barilo
Zimmer	Ĉambro

Haustiere
Dorlotbestoj

Eidechse	Lacerto
Essen	Manĝo
Fisch	Fiŝo
Hamster	Hamstro
Hase	Kuniklo
Hund	Hundo
Katze	Kato
Kätzchen	Katido
Kragen	Kolumo
Kuh	Bovino
Maus	Muso
Papagei	Papago
Pfoten	Piedoj
Schildkröte	Testudo
Schwanz	Vosto
Tierarzt	Veterinaro
Wasser	Akvo
Welpe	Ido
Ziege	Kapro

Insekten
Insektoj

Ameise	Formiko
Biene	Abelo
Blattlaus	Afido
Floh	Pulo
Gottesanbeterin	Mantiso
Heuschrecke	Akrido
Kakerlake	Blato
Käfer	Skarabo
Larve	Larvo
Libelle	Libelo
Marienkäfer	Ladybug
Motte	Tineo
Mücke	Moskito
Schmetterling	Papilio
Termite	Termito
Wespe	Vespo
Wurm	Vermo
Zikade	Cikado

Katzen
Katoj

Fell	Felto
Garn	Teksaĵo
Jäger	Ĉasisto
Komisch	Amuza
Kralle	Ungego
Maus	Muso
Neugierig	Kurioza
Persönlichkeit	Personeco
Pfote	Paw
Schlafen	Dormi
Schnell	Rapide
Schüchtern	Timita
Schwanz	Vosto
Unabhängig	Sendependa
Verrückt	Freneza
Verspielt	Ludema
Wenig	Eta
Wild	Sovaĝa

Kleidung
Vestoj

Armband	Braceleto
Bluse	Bluzo
Gürtel	Zono
Halskette	Koliero
Handschuhe	Gantoj
Hemd	Ĉemizo
Hose	Pantalono
Hut	Ĉapelo
Jacke	Jako
Kleid	Vesto
Mantel	Mantelo
Mode	Modo
Pullover	Seveter
Rock	Jupo
Sandalen	Sandaloj
Schal	Skulo
Schlafanzug	Piĵamo
Schmuck	Juveloj
Schuh	Ŝuo
Schürze	Antaŭtuko

Klettern
Grimpado

Atmosphäre	Atmosfero
Ausbildung	Trejnado
Experte	Sperta
Führer	Gvidiloj
Gelände	Tereno
Handschuhe	Gantoj
Helm	Kasko
Höhe	Alteco
Höhle	Kaverno
Karte	Mapo
Neugier	Scivolemo
Physisch	Fizika
Schmal	Mallarĝa
Stabilität	Stabileco
Stärke	Forto
Stiefel	Botoj
Verletzung	Vundo
Wandern	Altiganta

Komödie
Komedio

Applaus	Aplaŭdoj
Ausdrucksvoll	Esprima
Clowns	Klaŭnoj
Fernsehen	Televido
Genre	Varo
Humor	Humoro
Improvisation	Improvizo
Lachen	Rido
Parodie	Parodio
Publikum	Spektantaro
Schauspieler	Aktoro
Schauspielerin	Aktorino
Spass	Amuza
Theater	Teatro
Witze	Ŝercoj

Kräuterkunde
Herbalism

Aromatisch	Aromaj
Basilikum	Bazilo
Blume	Floro
Estragon	Tarragon
Fenchel	Fenkolo
Garten	Ĝardeno
Geschmack	Gusto
Grün	Verda
Knoblauch	Ajlo
Kulinarisch	Kulinara
Lavendel	Lavendo
Majoran	Marĝoromo
Petersilie	Petroselo
Pflanze	Planto
Qualität	Kvalito
Rosmarin	Romero
Safran	Safrano
Thymian	Timiano
Vorteilhaft	Utila
Zutat	Ingredienco

Kunst
Arto

Ausdruck	Esprimo
Ehrlich	Honesto
Einfach	Simpla
Gegenstand	Subjekto
Gemälde	Pentraĵoj
Inspiriert	Inspirita
Keramik	Ceramiko
Komplex	Komplekso
Original	Originala
Persönlich	Persona
Poesie	Poezio
Porträtieren	Portretu
Skulptur	Skulptaĵo
Stimmung	Humoro
Surrealismus	Superrealismo
Symbol	Simbolo
Visuell	Vida
Zusammensetzung	Komponado

Kunst Liefert
Arto Provizoj

Acryl	Akriliko
Bleistifte	Krajonoj
Bürsten	Brosoj
Farben	Koloroj
Holzkohle	Karbo
Ideen	Ideoj
Kamera	Fotilo
Kreativität	Kreavo
Leim	Gluo
Öl	Oleo
Papier	Papero
Radiergummi	Eraser
Staffelei	Establo
Stuhl	Seĝo
Tabelle	Tablo
Tinte	Inko
Ton	Argilo
Wasser	Akvo

Küche
Kuirejo

Essen	Manĝo
Essstäbchen	Chopsticks
Gabeln	Forkoj
Gefrierschrank	Frostujo
Gewürze	Specoj
Grill	Grilo
Kelle	Ĉerpilo
Krug	Kruĉo
Kühlschrank	Fridujo
Löffel	Kuleroj
Messer	Trančiloj
Ofen	Forno
Rezept	Recepto
Schürze	Antaŭtuko
Schüssel	Bovlo
Schwamm	Spongo
Serviette	Buŝtuko
Tassen	Tasoj
Wasserkocher	Kaldrono

Landschaften
Pejzaĝoj

Berg	Monto
Eisberg	Glacebergo
Fluss	Rivero
Geysir	Gejsero
Gletscher	Glacero
Golf	Golfo
Halbinsel	Peninsulo
Höhle	Kaverno
Insel	Insulo
Lagune	Laguno
Meer	Maro
Oase	Oazo
See	Lago
Strand	Plaĝo
Sumpf	Marĉo
Tal	Valo
Tundra	Tundro
Vulkan	Vulkano
Wasserfall	Akvofalo
Wüste	Dezerto

Länder #2
Landoj #2

Albanien	Albanio
Äthiopien	Etiopio
Frankreich	Francio
Griechenland	Grekio
Haiti	Haitio
Irland	Irlando
Jamaika	Jamajko
Japan	Japanio
Kenia	Kenjo
Laos	Laoso
Liberia	Liberio
Mexiko	Meksiko
Nepal	Nepalo
Nigeria	Nigerio
Pakistan	Pakistano
Russland	Rusio
Sudan	Sudano
Syrien	Sirio
Uganda	Ugando
Ukraine	Ukrainio

Literatur
Literaturo

Analogie	Analogio
Analyse	Analizo
Anekdote	Anekdoto
Autor	Aŭtoro
Beschreibung	Priskribo
Biographie	Biografio
Dialog	Dialogo
Erzähler	Rakontanto
Fiktion	Fikcio
Gedicht	Poemo
Metapher	Metaforo
Poetisch	Poezia
Reim	Rimo
Rhythmus	Ritmo
Roman	Romano
Schlussfolgerung	Konkludo
Stil	Stilo
Thema	Temo
Tragödie	Tragedio
Vergleich	Komparo

Mathematik
Matematiko

Arithmetik	Aritmetiko
Bruchteil	Frakcio
Dezimal	Decimala
Dreieck	Triangulo
Durchmesser	Diametro
Exponent	Eksponento
Geometrie	Geometrio
Gleichung	Ekvacio
Parallel	Paralelo
Parallelogramm	Paralelogramo
Polygon	Poligono
Quadrat	Kvadrato
Radius	Radiuso
Rechteck	Rectangulo
Senkrecht	Perpendikula
Summe	Sumo
Symmetrie	Simetrio
Umfang	Cirkonferenco
Volumen	Volumo
Winkel	Anguloj

Meditation
Meditado

Annahme	Akcepto
Atmung	Spirado
Aufmerksamkeit	Atentu
Bewegung	Movado
Dankbarkeit	Dankon
Frieden	Paco
Gedanken	Pensoj
Geistig	Menta
Glück	Feliĉo
Haltung	Sinteno
Klarheit	Klareco
Lehre	Instruo
Mitgefühl	Kompato
Musik	Muziko
Natur	Naturo
Perspektive	Perspektivo
Ruhig	Trankvile
Stille	Silento
Verstand	Menso
Wach	Maldorma

Meisterschaft
Ĉampioneco

Champion	Ĉampiono
Finalist	Finalisto
Liga	Ligo
Mannschaft	Teamo
Medaille	Medalo
Meisterschaft	Ĉampionado
Motivation	Instigo
Performance	Agado
Richter	Juĝisto
Schweiss	Spirado
Sieg	Venko
Spiele	Ludoj
Sport	Sportoj
Strategie	Strategio
Trainer	Trejnisto
Turnier	Turno

Menschlicher Körper
Homa Korpo

Bein	Kruro
Blut	Sango
Ellbogen	Kubuto
Finger	Fingro
Gehirn	Cerbo
Gesicht	Vizaĝo
Hals	Kolo
Hand	Mano
Haut	# ha? To
Herz	Koro
Kiefer	Makzelo
Kinn	Mentono
Knie	Genuo
Knöchel	Maleolo
Kopf	Kapo
Mund	Buŝo
Nase	Nazo
Ohr	Orelo
Schulter	Ŝultro
Zunge	Lango

Messungen
Mezuradoj

Breite	Larĝo
Byte	Bajto
Dezimal	Decimala
Gewicht	Pezo
Grad	Grado
Gramm	Gramo
Höhe	Alto
Kilogramm	Kilogramo
Kilometer	Kilometro
Länge	Longo
Liter	Litro
Masse	Maso
Meter	Metro
Minute	Minuto
Tiefe	Profundo
Tonne	Tuno
Unze	Unco
Volumen	Volumo
Zentimeter	Centimetro
Zoll	Colo

Möbel
Mebloj

Bank	Benko
Bett	Lito
Couch	Sofo
Futon	Tremarktoroj
Hängematte	Hamako
Kissen	Kuseno
Kommode	Telerbretaro
Lampe	Lampo
Matratze	Matraco
Regal	Bretoj
Schreibtisch	Skribotablo
Sessel	Brakseĝo
Spiegel	Spegulo
Stuhl	Seĝo
Teppich	Tapiŝo
Vorhang	Kurtenoj

Musikinstrumente
Muzikaj Instrumentoj

Banjo	Banjo
Cello	Violonĉelo
Fagott	Fagoto
Flöte	Fluto
Geige	Violono
Gitarre	Gitaro
Gong	Gong
Harfe	Harpo
Klarinette	Klarneto
Klavier	Piano
Mandoline	Mandolino
Mundharmonika	Harmoniko
Oboe	Hobojo
Posaune	Trombono
Saxophon	Saksofono
Tamburin	Tamburino
Trommel	Tamburo
Trompete	Trumpeto

Mythologie
Mitologio

Archetyp	Arketipo
Blitz	Fulmo
Donner	Tondro
Eifersucht	Ĵaluzo
Held	Heroo
Himmel	Ĉielo
Katastrophe	Katastrofo
Kreation	Kreo
Kreatur	Besto
Krieger	Milito
Kultur	Kulturo
Labyrinth	Labirinto
Legende	Legendo
Magisch	Magia
Monster	Monstro
Rache	Venĝo
Stärke	Forto
Sterblich	Morta
Unsterblichkeit	Senmorteco
Verhalten	Konduto

Natur
Naturo

Arktis	Arkto
Berge	Montoj
Bienen	Abeloj
Dynamisch	Dinamika
Erosion	Erozio
Fluss	Rivero
Friedlich	Paca
Gletscher	Glacero
Heiligtum	Rifuĝo
Heiter	Serena
Laub	Folioj
Lebenswichtig	Nemalhavebla
Nebel	Nebulo
Schönheit	Beleco
Tiere	Bestoj
Tropisch	Tropika
Wald	Arbaro
Wild	Sovaĝa
Wolken	Nuboj
Wüste	Dezerto

Obst
Frukto

Ananas	Ananaso
Apfel	Pomo
Aprikose	Abrikoto
Avocado	Avokado
Banane	Banano
Beere	Bero
Birne	Piro
Brombeere	Ruso
Himbeere	Frambo
Kirsche	Ĉerizo
Kiwi	Kivo
Kokosnuss	Kokoso
Melone	Melono
Nektarine	Nektarino
Orange	Oranĝo
Papaya	Papajo
Pfirsich	Persiko
Pflaume	Pruno
Traube	Vinbero
Zitrone	Citrono

Ozean
Oceano

Aal	Angilo
Auster	Ostro
Boot	Boato
Delfin	Delfeno
Fisch	Fiŝo
Garnele	Salikoko
Hai	Ŝarko
Koralle	Koralo
Krabbe	Krabo
Krake	Polpo
Qualle	Meduzoj
Riff	Rifo
Salz	Salo
Schildkröte	Testudo
Schwamm	Spongo
Seetang	Algo
Sturm	Ŝtormo
Thunfisch	Tinuso
Wal	Baleno
Wellen	Ondoj

Ökologie
Ekologio

Art	Specio
Berge	Montoj
Dürre	Sekeco
Fauna	Faŭno
Flora	Flora
Freiwillige	Volontuloj
Gemeinschaft	Komunumoj
Global	Tutmonda
Klima	Klimato
Lebensraum	Habitato
Marine	Mara
Nachhaltig	Daŭrigebla
Natur	Naturo
Natürlich	Natura
Pflanzen	Plantoj
Ressourcen	Rimedoj
Sumpf	Marĉo
Überleben	Supervivo
Vegetation	Vegetaĵaro
Vielfalt	Diverseco

Pflanzen
Plantoj

Bambus	Bambuo
Baum	Arbo
Beere	Bero
Blatt	Folio
Blume	Floro
Blütenblatt	Petalo
Bohne	Fabo
Botanik	Botaniko
Busch	Arbusto
Dünger	Sterko
Efeu	Hedero
Flora	Flora
Garten	Ĝardeno
Gras	Herbo
Kaktus	Kakto
Laub	Folioj
Moos	Musko
Vegetation	Vegetaĵaro
Wald	Arbaro
Wurzel	Radiko

Piraten
Piratoj

Abenteuer	Aventuro
Anker	Ankro
Crew	Skipo
Flagge	Flago
Gefahr	Danĝero
Gold	Oro
Höhle	Kaverno
Insel	Insulo
Kapitän	Kapitano
Karte	Mapo
Kompass	Kompaso
Legende	Legendo
Münzen	Moneroj
Narbe	Cikatro
Papagei	Papago
Rum	Rumo
Schatz	Trezoro
Schlecht	Malbona
Schwert	Glavo
Strand	Plaĝo

Regenwald
Pluvarbaro

Amphibien	Amfibioj
Art	Specio
Botanisch	Botaniko
Dschungel	Ĝangalo
Einheimisch	Indiĝena
Gemeinschaft	Komunumo
Insekten	Insektoj
Klima	Klimato
Moos	Musko
Natur	Naturo
Respekt	Respekto
Säugetiere	Mamuloj
Überleben	Supervivo
Vielfalt	Diverseco
Vögel	Birdoj
Wertvoll	Valora
Wolken	Nuboj
Zuflucht	Rifuĝo

Restaurant #1
Restoracio Numero 1

Allergie	Alergio
Brot	Pano
Dessert	Deserto
Essen	Manĝo
Fleisch	Viando
Huhn	Kokido
Kaffee	Kafo
Kassierer	Kasisto
Kellnerin	Kelnerino
Küche	Kuirejo
Menü	Menuo
Messer	Tranĉilo
Reservierung	Rezervado
Schüssel	Bovlo
Serviette	Buŝtuko
Sosse	Saŭco
Würzig	Spica

Restaurant #2
Restoracio #2

Abendessen	Vespermanĝo
Eier	Ovoj
Eis	Glacio
Fisch	Fiŝo
Frucht	Frukto
Gabel	Forko
Gemüse	Legomoj
Getränk	Trinkaĵo
Gewürze	Specoj
Kellner	Kelnero
Köstlich	Bonaj
Kuchen	Kuko
Löffel	Kulero
Mittagessen	Tagmanĝo
Salat	Salato
Salz	Salo
Stuhl	Seĝo
Suppe	Supo
Wasser	Akvo

Säugetiere
Mamuloj

Affe	Simio
Bär	Urso
Biber	Kastoro
Elefant	Elefanto
Fuchs	Vulpo
Giraffe	Ĝirafo
Gorilla	Gorilo
Hund	Hundo
Känguru	Kanguruo
Kojote	Kojoto
Löwe	Leono
Panther	Pantero
Pferd	Ĉevalo
Ratte	Rato
Schaf	Ŝafo
Stier	Virbovo
Tiger	Tigro
Wal	Baleno
Wolf	Lupo
Zebra	Zebro

Schach
Ŝako

Champion	Ĉampiono
Diagonal	Diagonala
Gegner	Kontraŭulo
König	Reĝo
Königin	Reĝino
Opfer	Ofero
Passiv	Pasiva
Punkte	Punktoj
Regeln	Reguloj
Schwarz	Nigra
Spiel	Ludo
Spieler	Ludanto
Strategie	Strategio
Turnier	Turno
Weiss	Blanka
Wettbewerb	Konkurso
Zeit	Tempo

Schlösser
Kasteloj

Drache	Drako
Dynastie	Dinastio
Edel	Nobla
Festung	Forteco
Feudal	Feŭda
Graben	Ĉirkaŭfosaĵo
Katapult	Katapulto
Königreich	Regno
Krone	Krono
Palast	Palaco
Pferd	Ĉevalo
Prinz	Princo
Prinzessin	Princino
Reich	Imperio
Ritter	Kavaliro
Rüstung	Kiraso
Schild	Ŝildo
Schwert	Glavo
Turm	Turo
Wand	Muro

Schokolade
Ĉokolado

Antioxidans	Antioxidanto
Aroma	Aromo
Bitter	Amara
Erdnüsse	Arakidoj
Exotisch	Ekzota
Favorit	Ŝatata
Geschmack	Gusto
Kakao	Kakao
Kalorien	Kalorioj
Karamell	Karamelo
Kokosnuss	Kokoso
Köstlich	Bonaj
Pulver	Pulvoro
Qualität	Kvalito
Rezept	Recepto
Süss	Dolĉa
Zucker	Sukero
Zutat	Ingredienco

Schule #1
Lernejo Numero 1

Alphabet	Alfabeto
Antworten	Respondoj
Bibliothek	Biblioteko
Bleistift	Krajono
Bücher	Libroj
Freunde	Amikoj
Klassenzimmer	Klasĉambro
Lehrer	Instruisto
Mathematik	Matematiko
Mittagessen	Tagmanĝo
Ordner	Dosierujoj
Papier	Papero
Prüfungen	Ekzamenoj
Schreibtisch	Skribotablo
Spass	Amuza
Stifte	Plumoj
Stuhl	Seĝo

Schule #2
Lernejo #2

Bibliothek	Biblioteko
Bildung	Eduko
Bleistift	Krajono
Bus	Buso
Bücher	Libroj
Computer	Komputilo
Grammatik	Gramatiko
Kalender	Kalendaro
Lehrer	Instruisto
Lernen	Lerni
Lesen	Legado
Literatur	Literaturo
Papier	Papero
Radiergummi	Eraser
Rucksack	Dorsosako
Schere	Tondilo
Spiele	Ludoj
Stifte	Plumoj
Wissenschaft	Scienco
Wörterbuch	Vortaro

Science Fiction
Sciencfikcio

Bücher	Libroj
Dystopie	Distopio
Explosion	Eksplodo
Extrem	Ekstrema
Fantastisch	Mirinda
Feuer	Fajro
Futuristisch	Futurista
Galaxie	Galaksio
Geheimnisvoll	Mistera
Illusion	Iluzio
Imaginär	Imaga
Kino	Kino
Orakel	Orakolo
Planet	Planedo
Realistisch	Realismo
Roboter	Robotoj
Szenario	Sceno
Technologie	Teknologio
Utopie	Utopio
Welt	Mondo

Sommer
Somero

Bücher	Libroj
Camping	Tendumado
Entspannung	Malstreĉiĝo
Erinnerungen	Memoroj
Essen	Manĝo
Familie	Familio
Freizeit	Libertempo
Freude	Ĝojo
Freunde	Amikoj
Garten	Ĝardeno
Meer	Maro
Musik	Muziko
Reise	Vojaĝo
Sandalen	Sandaloj
Spiele	Ludoj
Sterne	Steloj
Strand	Plaĝo
Tauchen	Plonĝo
Urlaub	Ferio

Spielzeuge
Ludiloj

Auto	Aŭto
Ball	Pilko
Boot	Boato
Bücher	Libroj
Drachen	Kajto
Fahrrad	Biciklo
Favorit	Ŝatata
Flugzeug	Aviadilo
Kunsthandwerk	Metioj
Lkw	Kamiono
Phantasie	Imagpovo
Puppe	Pupo
Puzzle	Enigmo
Roboter	Roboto
Schach	Ŝako
Schlagzeug	Tamburoj
Spiele	Ludoj
Ton	Argilo
Zug	Trajno

Sport
Sportoj

Athlet	Atleto
Baseball	Basbalo
Basketball	Basketbalo
Bewegung	Movado
Eishockey	Hokeo
Fahrrad	Biciklo
Gewinner	Gajninto
Golf	Golfo
Gymnasium	Gimnazio
Gymnastik	Gimnastiko
Mannschaft	Teamo
Meisterschaft	Ĉampionado
Spiel	Ludo
Spieler	Ludanto
Stadion	Stadio
Tennis	Teniso
Trainer	Trejnisto

Stadt
Urbo

Apotheke	Apoteko
Bank	Banko
Bäckerei	Bakejo
Bibliothek	Biblioteko
Blumenhändler	Floristo
Buchhandlung	Librejo
Flughafen	Flughaveno
Galerie	Galero
Hotel	Hotelo
Kino	Kino
Klinik	Kliniko
Markt	Merkato
Museum	Muzeo
Restaurant	Restoracio
Schule	Lernejo
Stadion	Stadio
Supermarkt	Superbazaro
Theater	Teatro
Universität	Universitato
Zoo	Zoo

Strand
Strando

Blau	Blua
Boot	Boato
Dock	Doko
Handtuch	Tuko
Insel	Insulo
Krabbe	Krabo
Küste	Marbordo
Lagune	Laguno
Meer	Maro
Ozean	Oceano
Regenschirm	Ombrelo
Riff	Rifo
Sand	Sablo
Sandalen	Sandaloj
Segelboot	Velŝipo
Sonne	Suno
Urlaub	Ferio

Surfen
Surfado

Anfänger	Komencanto
Athlet	Atleto
Beliebt	Populara
Champion	Ĉampiono
Extrem	Ekstrema
Geschwindigkeit	Rapido
Magen	Stomako
Mengen	Amasoj
Ozean	Oceano
Riff	Rifo
Schaum	Ŝaŭmo
Spass	Amuza
Stärke	Forto
Stil	Stilo
Strand	Plaĝo
Welle	Ondo
Wetter	Vetero

Tage und Monate
Tagoj kaj Monatoj

August	Aŭgusto
Dezember	Decembro
Dienstag	Mardo
Donnerstag	Ĵaŭdo
Februar	Februaro
Freitag	Vendredo
Jahr	Jaro
Januar	Januaro
Juli	Julio
Juni	Junio
Kalender	Kalendaro
Mittwoch	Merkredo
Monat	Monato
Montag	Lundo
November	Novembro
Oktober	Oktobro
Samstag	Sabato
September	Septembro
Sonntag	Dimanĉo
Woche	Semajno

Tanzen
Danco

Akademie	Akademio
Anmut	Grace
Ausdrucksvoll	Esprima
Bewegung	Movado
Choreographie	Koregrafio
Emotion	Emocio
Freudig	Ĝoja
Haltung	Sinteno
Klassisch	Klasika
Körper	Korpo
Kultur	Kulturo
Kulturell	Kultura
Kunst	Arto
Musik	Muziko
Partner	Partnero
Probe	Provo
Rhythmus	Ritmo
Traditionell	Tradicia
Visuell	Vida

Technologie
Teknologio

Bildschirm	Ekrano
Browser	Retumilo
Bytes	Bajtoj
Computer	Komputilo
Cursor	Kursoro
Datei	Dosiero
Daten	Datumo
Digital	Digitalo
Forschung	Esplorado
Internet	Interreto
Kamera	Fotilo
Nachricht	Mesaĝo
Schriftart	Tiparo
Sicherheit	Sekureco
Software	Softvaro
Statistik	Statistiko
Virtuell	Virtuala
Virus	Viruso

Tugenden #1
Virtoj #1

Bescheiden	Modesta
Charmant	Ĉarma
Effizient	Efika
Entscheidend	Decida
Geduldig	Paciento
Grosszügig	Malavara
Gut	Bona
Hilfreich	Helpema
Intelligent	Inteligenta
Komisch	Amuza
Künstlerisch	Arta
Leidenschaftlich	Pasia
Neugierig	Kurioza
Praktisch	Praktika
Sauber	Pura
Unabhängig	Sendependa
Weise	Saĝa
Zuverlässig	Fidinda

Urlaub #1
Ferio #1

Abreise	Parto
Auto	Aŭto
Entspannung	Malstreĉiĝo
Expedition	Expedicio
Fahrkarte	Bileto
Flugzeug	Aviadilo
Koffer	Valizo
Museum	Muzeo
Regenschirm	Ombrelo
Route	Itinero
Rucksack	Dorsosako
See	Lago
Strassenbahn	Tramo
Tourist	Turisto
Währung	Valuto
Zoll	Dogano

Urlaub #2
Ferio #2

Ausländer	Fremdulo
Ausländisch	Fremda
Camping	Tendumado
Flughafen	Flughaveno
Freizeit	Libertempo
Hotel	Hotelo
Insel	Insulo
Karte	Mapo
Meer	Maro
Pass	Pasporto
Reise	Vojaĝo
Restaurant	Restoracio
Strand	Plaĝo
Taxi	Taksio
Transport	Transportado
Urlaub	Ferio
Visum	Viza
Zelt	Tendo
Ziel	Destino
Zug	Trajno

Vögel
Birdoj

Adler	Aglo
Ei	Ovo
Ente	Anaso
Eule	Strigo
Flamingo	Flamingo
Gans	Ansero
Huhn	Kokido
Krähe	Korvo
Kuckuck	Kukolo
Möwe	Mevo
Papagei	Papago
Pelikan	Pelikano
Pfau	Pavo
Pinguin	Pingveno
Rabe	Kovo
Reiher	Ardeo
Schwan	Cigno
Spatz	Pasero
Storch	Cikonio
Taube	Kolombo

Wandern
Altiganta

Berg	Monto
Camping	Tendumado
Führer	Gvidiloj
Gipfel	Punto
Karte	Mapo
Klima	Klimato
Klippe	Klifo
Müde	Laca
Natur	Naturo
Orientierung	Orientiĝo
Parks	Parkoj
Schwer	Peza
Sonne	Suno
Steine	Ŝtonoj
Stiefel	Botoj
Tiere	Bestoj
Vorbereitung	Preparo
Wasser	Akvo
Wetter	Vetero
Wild	Sovaĝa

Wasser
Akvo

Bewässerung	Irigado
Dampf	Vaporo
Dusche	Duŝo
Eis	Glaclo
Feuchtigkeit	Humido
Fluss	Rivero
Flut	Inundo
Frost	Frosto
Geysir	Gejsero
Hurrikan	Uragano
Kanal	Kanalo
Ozean	Oceano
Regen	Pluvo
Schnee	Neĝo
See	Lago
Trinkbar	Trinkeble
Verdunstung	Vaporiĝo
Wellen	Ondoj

Wetter
Vetero

Atmosphäre	Atmosfero
Blitz	Fulmo
Donner	Tondro
Dürre	Sekeco
Eis	Glacio
Feucht	Humida
Himmel	Ĉielo
Hurrikan	Uragano
Klima	Klimato
Nebel	Nebulo
Polar	Polusa
Regenbogen	Ĉielarko
Ruhig	Trankvile
Sturm	Ŝtormo
Temperatur	Temperaturo
Tornado	Tornado
Trocken	Seka
Tropisch	Tropika
Wind	Vento
Wolke	Nubo

Wissenschaft
Scienco

Atom	Atomo
Chemisch	Kemiko
Daten	Datumo
Evolution	Evoluo
Experiment	Eksperimento
Fossil	Fosilo
Hypothese	Hipotezo
Klima	Klimato
Labor	Laboratorio
Methode	Metodo
Mineralien	Mineraloj
Moleküle	Molekuloj
Natur	Naturo
Organismus	Organismo
Partikel	Eroj
Pflanzen	Plantoj
Physik	Fiziko
Schwerkraft	Gravito
Tatsache	Fakto
Wissenschaftler	Sciencisto

Wissenschaftliche Disziplinen
Sciencaj Disciplinoj

Anatomie	Anatomio
Archäologie	Arkeologio
Astronomie	Astronomio
Biochemie	Biokemio
Biologie	Biologio
Botanik	Botaniko
Chemie	Kemio
Geologie	Geologio
Immunologie	Imunologio
Kinesiologie	Kinesiology
Linguistik	Lingvistiko
Mechanik	Mekaniko
Mineralogie	Mineralogio
Neurologie	Neurologio
Ökologie	Ekologio
Physiologie	Fiziologio
Psychologie	Psikologio
Soziologie	Sociologio
Thermodynamik	Termodinamiko
Zoologie	Zoologio

Zahlen
Nombroj

Acht	Ok
Achtzehn	Dek Ok
Dezimal	Decimala
Drei	Tri
Dreizehn	Dek Tri
Fünf	Kvin
Fünfzehn	Dek Kvin
Neun	Naŭ
Neunzehn	Dek Naŭ
Null	Nul
Sechs	Ses
Sechzehn	Dek Ses
Sieben	Sep
Siebzehn	Dek Sep
Vier	Kvar
Vierzehn	Dek Kvar
Zehn	Dek
Zwanzig	Dudek
Zwei	Du
Zwölf	Dek Du

Zeit
Tempo

Früh	Frue
Gestern	Hieraŭ
Heute	Hodiaŭ
Jahr	Jaro
Jahrhundert	Jarcento
Jahrzehnt	Jardeko
Jetzt	Nun
Kalender	Kalendaro
Minute	Minuto
Mittag	Tagmezo
Monat	Monato
Morgen	Mateno
Nach	Post
Nacht	Nokto
Stunde	Hora
Tag	Tago
Uhr	Horloĝo
Vor	Antaŭ
Woche	Semajno
Zukunft	Estonteco

Zirkus
Cirko

Affe	Simio
Akrobat	Akrobato
Ballons	Balonoj
Clown	Pajaco
Elefant	Elefanto
Fahrkarte	Bileto
Jongleur	Jognisto
Kostüm	Kostumo
Löwe	Leono
Magie	Magio
Musik	Muziko
Parade	Parado
Tiere	Bestoj
Tiger	Tigro
Trick	Ruzo
Unterhalten	Amuzi
Zauberer	Mago
Zeigen	Montro
Zelt	Tendo
Zuschauer	Spektanto

Gratuliere

Sie haben es geschafft !!

Wir hoffen, dass euch dieses Buch genauso viel Spaß gemacht hat wie uns dessen Herstellung. Wir tun unser Bestes, um qualitativ hochwertige Spiele zu erfinden. Diese Rätsel sind auf eine clevere Art und Weise entworfen, damit sie aktiv lernen und daran Vergnügen finden.

Hat ihnen das Buch gefallen ?

Eine einfache Bitte

Unsere Bücher existieren dank der Rezensionen, die sie veröffentlichen. Können sie uns helfen indem sie jetzt eine Meinung hinterlassen ?

Hier ist ein kurzer Link, der Sie zu ihrer Bewertungsseite führt

 BestBooksActivity.com/Rezension50

MONSTER HERAUSFÖRDERUNGEN !

Herausförderung 1

Bereit für ihr Bonusspiel? Wir verwenden sie ständig, aber sie sind nicht einfach zu finden. Es sind die Synonyme !

Notieren sie 5 Wörter, die sie in den untenstehenden Rätseln (Nummer 21, 36 und 76) entdeckt haben und versuchen sie für jedes Wort 2 Synonyme zu finden .

Notieren sie 5 Wörter aus Rätsel 21

Wörter	Synonym 1	Synonym 2

Notieren sie 5 Wörter aus Rätsel 36

Wörter	Synonym 1	Synonym 2

Notieren sie 5 Wörter aus Rätsel 76

Wörter	Synonym 1	Synonym 2

Herausförderung 2

Jetzt, wo sie warm sind, notieren sie 5 Wörter, die sie in jedem der untenaufgeführten Rätseln entdeckt haben (Nummer 9, 17 und 25) und versuchen sie für jedes Wort 2 Antonyme zu finden. Wie viele davon können sie binnen 20 Minuten finden ?

Notieren sie 5 Wörter aus **Rätsel 9**

Wörter	Antonym 1	Antonym 2

Notieren sie 5 Wörter aus **Rätsel 17**

Wörter	Antonym 1	Antonym 2

Notieren sie 5 Wörter aus **Rätsel 25**

Wörter	Antonym 1	Antonym 2

Herausförderung 3

Wunderbar, diese Monster Herausförderung 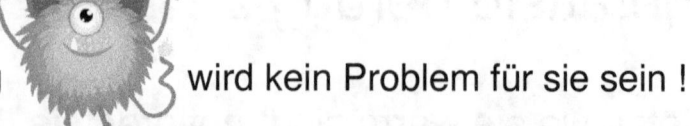 wird kein Problem für sie sein !

Bereit für die letzte Herausförderung? Wählen sie ihre 10 Lieblingswörter aus, die sie in einem Rätsel entdeckt haben und notieren sie sie unten.

1.	6.
2.	7.
3.	8.
4.	9.
5.	10.

Die Aufgabe besteht nun darin mit diesen Wörtern und in maximal sechs Sätzen einen Text herzustellen über eine Person, ein Tier oder ein Ort den sie lieben !

Tipp : sie können die letzten leeren Seiten dieses Buches als Entwurf verwenden

Ihr Schreiben :

NOTIZBUCH :

AUF BALDIGES WIEDERSEHEN !

Linguas Classics

www.ingramcontent.com/pod-product-compliance
Lightning Source LLC
Chambersburg PA
CBHW081708120626
46550CB00010B/3055